本书为中共河北省委党校（河北行政学院）创新工程科研项目成果

数字普惠金融
与乡村振兴

严翠玲◎著

中国社会科学出版社

图书在版编目（CIP）数据

数字普惠金融与乡村振兴 / 严翠玲著. -- 北京：
中国社会科学出版社，2025. 8. -- ISBN 978-7-5227
-5630-1

Ⅰ. F832. 35-39

中国国家版本馆 CIP 数据核字第 2025HB8554 号

出 版 人	季为民
责任编辑	李凯凯
责任校对	胡新芳
责任印制	李寡寡

出　　版	中国社会科学出版社
社　　址	北京鼓楼西大街甲 158 号
邮　　编	100720
网　　址	http：//www. csspw. cn
发 行 部	010 - 84083685
门 市 部	010 - 84029450
经　　销	新华书店及其他书店

印刷装订	北京市十月印刷有限公司
版　　次	2025 年 8 月第 1 版
印　　次	2025 年 8 月第 1 次印刷

开　　本	710×1000　1/16
印　　张	12. 25
字　　数	161 千字
定　　价	66. 00 元

凡购买中国社会科学出版社图书，如有质量问题请与本社营销中心联系调换
电话：010 - 84083683

前　　言

　　乡村振兴战略作为解决新时代中国"三农"问题的总抓手，关乎农业农村现代化的进程与国家整体发展的均衡性。在推动乡村振兴的众多力量中，数字普惠金融正逐渐崭露头角，成为一股不可忽视的关键动力。

　　随着信息技术的飞速发展，数字普惠金融依托大数据、云计算、移动互联网等前沿技术，突破了传统金融服务在地理空间、成本效率等方面的限制，为广大乡村地区带来了前所未有的金融服务机遇。它致力于将金融资源广泛而公平地覆盖到乡村的各个角落，无论是偏远山区的农户，还是农村小微企业，都有机会借助数字普惠金融获取资金支持、风险管理工具以及便捷的支付结算服务。

　　本书围绕数字普惠金融与乡村振兴展开论述。第一章为数字普惠金融基础理论，分别介绍了数字普惠金融概述和数字技术的作用机制与特点、数字普惠金融的融资模式与支付模式、数字普惠金融的发展特征、数字普惠金融的风控与监管。第二章为乡村振兴概述，围绕乡村振兴的内涵、乡村振兴的战略和政策、乡村振兴的意义及重点、乡村振兴的运行机制以及面临的挑战展开了详述。第三章为乡村振兴的实践，阐明了乡村振兴体系建设、乡村振兴规划方法与实施路径、乡村振兴基础建设与产业发展。第四章为农村数字普惠金融发展的理论基础，详细论述了发展背景和理论支撑、数字金融与普惠金融的耦合性、数字普惠金融的减贫逻辑以及中国农村数字普惠金融基础分析。第五章为数字普惠金融对乡村振兴的影响，阐述了数字普惠金融推动乡村振兴的内在逻辑、数字普惠金融在促进乡村振兴中所面临的现实挑战，以及探索数字普惠金融支持乡村振兴的具体实施策略。同时，以河北省为例，分析了数字普惠金融助力乡村振兴的机制及路径措施。

本书的写作受到时间、能力及水平的限制，对书中的不足或错误之处，恳请广大读者、同行、专家给予批评指正。

目　　录

第 一 章

数字普惠金融概述

第一节　数字普惠金融的定义、特点与发展风险

一　数字普惠金融的定义

数字普惠金融依托移动互联网、网络通信服务、移动数据处理及云计算等数字化技术，旨在为原先金融服务覆盖不足的人群长期提供多元化的金融服务，这些服务涵盖存款、支付、融资、保险及理财等多个领域。这些服务在确保客户负担得起且服务提供商能够持续运营的价格框架内提供。数字普惠金融的范畴既包含传统金融机构对既有产品的数字化改造与创新，也囊括了新兴金融机构所推出的互联网金融产品。

2016 年二十国集团（G20）框架下全球普惠金融合作伙伴组织（global partnership of financial inclusion，GPFI）发布的白皮书对数字普惠金融的定义被广泛接受。GPFI 认为，数字普惠金融泛指一切通过使用数字金融服务以促进普惠金融的行动。数字普惠金融凭借其共享性、便捷性、低成本和低门槛的特性，在金融领域催生了众多创新，包括商业模式、产品服务以及组织架构等方面。它不仅丰富了金融服务的提供者群体，还拓展了金融服务的覆盖范围，增强了市场的竞争活力。这些创新为解决普惠金融领域长期存在的难题提供了新的视角和解决方案。

二 数字普惠金融的特点

(一)客户群体广泛

数字普惠金融借助互联网、大数据、云计算等前沿数字技术，充分利用互联网的广泛覆盖特性，展现出网络零边际成本的优势。这一优势使得金融服务在时间和空间上都具备了高度的可触及性，从而极大地降低了获取金融服务的门槛，使金融服务能够更加公平且广泛地惠及社会各阶层的民众。例如，仅需一部连接网络的手机，用户就能通过移动终端轻松完成远程开户、资金发放与回收等金融服务操作。这种方式有效克服了偏远地区设立实体网点所面临的种种困难，显著降低了软硬件设施的运营成本。这不仅为扩大金融服务的覆盖面、提升金融服务的包容性创造了有利条件，还有力地推动了金融服务公平性的切实实现。

(二)风险管理数据化

在普惠金融领域，大数据和云计算等新技术的运用使得金融机构能够更精确且全面地评估用户。通过收集并分析用户的信用特征、风险偏好等关键信息，金融机构能够更有效地构建风险控制模型，从而实现对风险的精准把控。传统的个人信用数据主要来自个人基本信息、传统金融机构借贷信息和公共信息，来源较单一。利用数字技术进行信用评分、风险管理时，互联网数据成为重要的信息来源。这一数据来源是海量的，覆盖人群巨大。利用互联网数据，辅以传统的结构化数据，金融机构能够为客户描绘更准确地全息画像。

金融行业传统风控的痛点在于，征信管理都是静止地截至某个时点，是一个时点的静态画像，因而数据的时效性较强，无法追索借款人三个月或一年中的行为变化踪迹。而运用云计算和大数据技术，商业银行能够通过对日常交易数据和信息流的深入分析，精准评估客户的信用等级和信用状况，极大地提升了商业银行的风险识别精确度，同时也显著缩短了授信审批的流程，提高了整体效率。

（三）交易成本低廉

获客成本、资金融通环节成本和交易成本是普惠金融运营成本的主要方面。鉴于互联网具有边际成本低、客户体验好、覆盖面广泛的特点，因此，互联网是解决传统金融机构服务普惠金融时所面临的获客成本高问题的有效途径。通过场景化批量获客的方式，互联网可以帮助金融机构实现规模化的客户增长。数字技术缓解了机构网点铺设成本高的问题，通过移动终端，客户可以直接寻找和获取金融资源；同时，借助智能风控技术，金融机构既能够建立风险审批模型，从而实现自动筛选客户并对新客户进行批量审批，又可以通过对小微信贷的电子化、流水化、规模化操作，降低资金融通环节中产生的成本。

三 数字普惠金融发展风险

（一）数字交易平台相关风险

创新的数字金融服务通常至少涉及一家银行和一家非银行金融机构，同时负责数据存储和管理及客户资金的保管。对客户资金的保护程度取决于许多因素，包括资金持有人是否参保存款保险及持有资金的特定类型账户是否已投保。如果账户汇集多个客户的资金，则覆盖限制可能适用于整个账户或客户的个人余额。即使客户的资金已投保，但如果它们共同由第三方（如移动网络运营商）负责存储和管理客户账户余额的记录，则数据的实时准确性和可调节性仍面临风险。

此外，由于数字金融服务往往涉及多个主体，监管者和监管者之间需要保持重要的跨部门协调和沟通。例如，通过数字交易平台提供的信贷、保险和投资需要多个金融监管机构和其他监管机构的关注，并可能需要电信监管机构的参与。

（二）代理相关风险

代理商和代理网络的发展带来了新的操作风险、金融犯罪风险和消费者风险。由于客观距离的存在，供应商往往难以实现对代理商有效地培训和监督。操作风险包括欺诈、代理商现金管理不善及数据处理不当等。就金融犯罪风险而言，代理商除了有可能进行欺诈和盗窃外，还有可能无法遵守反洗钱和打击恐怖主义融资（AMI/CFT）规则。此外，代理商还可能故意降低定价、条款和追索权等的透明度，过度收费，以及泄露客户隐私。一旦消费者遭受损失，由于服务交付涉及多方，责任很有可能不明确，从而引发消费者风险。

（三）客户访问设备相关风险

依靠数字技术进行金融服务，不可避免地将面临服务中断和数据丢失的风险，以及因数据传输和存储而导致的隐私泄露的风险。由于大量的中间方获得了客户的交易数据，以及以前未被服务或未被充分服务的客户的资料，隐私泄露和安全漏洞的风险将进一步扩大。

第二节　数字普惠金融的融资模式与支付模式

一　数字普惠金融的融资模式

（一）基于大数据的网络小贷模式

基于大数据的网络小贷模式通常是指融资主体从依赖于电子商务平台建立的小额贷款公司或合作银行获得融资的模式，其中小额贷款公司等机构利用电子商务平台等电子网络系统留下的大数据改善融资服务。

基于大数据的网络小贷模式流程主要涵盖两个阶段：第一阶

段，融资主体向小额贷款公司提出贷款申请，后者通过电子商务平台获取其历史经营、财务等信用数据，利用信贷数据风控模型交叉检验的方式进行信用评估，从而决定是否对其进行放贷。第二阶段，放贷成功后，仍利用电子商务平台对融资企业的现金流及经营状况进行实时监控，以此防控贷款风险并保证信贷资源的良好配置。

相较于独立的小额信贷公司，这一模式中的网络小额信贷公司主要依托于电子商务平台，能够利用大数据资源优势，有效地降低信息成本和风控成本，提高融资效率。

（二）网络众筹模式

网络众筹模式是指资金需求方将自身创设的新项目通过互联网社交平台向公众进行筹资，投资人并不受投资经验、出资门槛的限制。网络众筹融资模式流程主要有三个阶段：第一，中小企业等资金需求方将融资需求上传到众筹融资平台，该平台组织相关专业机构进行审核。第二，待项目获得通过后，融资方被允许在该平台发布融资项目信息，公众对项目信息进行分析判断后确定是否投资以及投资规模大小。融资方获得资金后，众筹融资平台同时对所筹资金进行相应监督。第三，待项目执行完毕后，融资方以一定的公司股份、现金、企业产品等一种或多种形式兑现对投资者承诺的回报。

该模式对项目发起人和投资者的门槛要求较低，发起人只需要有能力兑现预期投资回报，几元到几千元不等的投资规模也被允许。这一模式有利于提高普通民众参与金融业务的广度和深度，对解决创新型企业的融资困境具有突破性的意义。

网络众筹模式的盈利主要来源于交易手续费、增值服务费和营销推广费，其中，手续费一般为融资总额的 5% 左右。众筹融资的核心在于互联网平台可以在短时间内聚集数量庞大的投资参与者，实现全面分散化的融资。

（三）P2P网络信贷融资模式

P2P网络信贷融资模式是指融资主体借由P2P网贷平台等融资中介，按照一定的竞标原则获得融资服务。P2P网络信贷融资具体的流程包括三个阶段。第一阶段，中小企业等融资主体可以通过P2P网络信贷平台发布相关融资需求，随后平台对其营业执照、线上资格、信用、还款能力等进行资质审核，并发布通过审核的借款项目。第二阶段，出资人根据网络信贷平台上发布的融资项目列表进行自主选择。第三阶段，借贷双方实现借贷匹配，且P2P平台对贷款风险进行监控。

在匹配过程中，平台交易一般通过"竞标"方式，根据发布的借款信息，投标利率不能高于借款人约定的最高值，出借人用自有资金进行全额或者部分投标。一般一个借款人的资金由多个出借人出资，若投资总额大于需求量，优先撮合利率最低的资金中标。若未能在项目时间内完成筹资则视为流标。

这样的融资竞标方式相较于传统融资匹配过程，更有利于分散的个体参与并降低投资者的风险。资质审核的信用甄别过程是保证P2P网络借贷平台促进风险—收益匹配的关键。P2P平台通常会采用线上和线下相结合的模式进行信用鉴定，线上通过与全国权威数据中心合作，比如法院、公安局等，线下则通过实地考察借款人征信。

目前，对于P2P平台来说，若没有抵押担保，其收费水平较低，利润来源主要是服务费，一般为成交额的2%—5%，其他大多数业务是免费的。但是P2P平台若无法有效核实资金用途与相关资料的真实性，就会产生数据真实性风险、信息安全风险、借款人违约风险、公司资本金不足风险和管理风险等，不利于投资者。

中国P2P网络信贷融资模式从2006年舶来兴起，经历了5000家平台公司的高峰时期，由于经营不规范以及风控问题，到

2020 年年底大量 P2P 网贷平台或清退，或转型为网络小贷平台、持牌消费金融公司、助贷机构。

（四）供应链融资模式

供应链融资通常是指基于供应链上下游的交易往来信息，金融机构在金融科技的支持下，为链属企业提供融资服务。供应链融资模式的运行流程分为三个阶段。首先，基于与核心企业业务往来而形成的产业链信息，链属企业向银行等金融机构提出贷款申请并提交相关材料。其次，产业链核心企业基于大数据下的信用评估向银行等金融机构提供信用担保，承诺在融资方不能如期还款付息时代为履约。最后，金融机构向符合条件的资金需求方发放贷款，并实施贷后风险监控。

该模式的关键在于有信誉良好、财务报表健全的产业链核心企业，且与链属企业形成融资联盟。核心企业不仅拥有自身的信用优势，而且拥有产业链内部各主体之间的信息流、物流、资金流资源，可作为产业链上金融服务较为客观的授信依据。[①] 融资联盟将核心企业信用沿着供应链传导到末梢，为中小微企业增信授信，转变单个企业的不可控风险。另外，一些成功的供应链融资模式还引入保险公司的全程保障和多方出资的风险保障资金池。结合大数据的分析方法，供应链融资模式适用于经销商—供应商企业网络、"物流 +"合作企业、上下游订单式合作企业。

（五）传统金融机构"触网"融资模式

传统金融机构"触网"融资模式主要指商业银行通过采取传统电子渠道和新型互联网金融业态"双线"创新互联网融资业务。传统金融机构"触网"融资模式的主要流程主要包含两方

---

① 汤婷、徐海燕、张智超：《不同融资模式下线上双渠道供应链运营策略》，《中国管理科学》2023 年第 10 期。

面：一是银行业创新开通广泛的线上服务模式，其主要利用互联网和手机端电子支付；二是自建电商平台融入尾部资金需求方及其生态，以较低的融资成本为其提供便捷的融资服务。

近年来，商业银行不断加大科技创新投入，加速向数字化智能化转型。据《潇湘晨报》相关报道，2023年上海银行的线上客户数量显著增加。通过上线200多个数字员工和900多个RPA（机器人流程自动化）流程，上海银行节约了大量人力资源，降低了运营成本。云网点已经覆盖了90%的到店场景，全年服务客户数同比增加近1倍。这些数据表明，上海银行通过数字化转型和线上服务，成功吸引了大量新客户，显著增加了线上客户数量。

结合上述五类模式及其运行流程的分析，从资金获得的便利性来看，网络众筹模式和P2P网络信贷融资模式同属于C2C（customer to customer）形式，开放性相对较高，投融资个体可以直接参与融资项目，同时，投资人可以根据自己的意愿提供小额贷款，但是会存在资金风险管理与监管问题。对于有一定信用度和交易数据较为丰富的中小企业，供应链融资模式和基于大数据的网络小贷模式适用性更强。这两者同属于B2B（bank to business）形式，融资特征更为稳定。从征信角度来看，各式一般通过对资金需求方的身份核查、熟人体系或大数据等进行信用评定，来确定其是否符合融资条件，并确定是否追加抵押品。

尤其值得注意的是，在处理信息不对称问题方面，网络众筹模式和P2P网络信贷融资模式的能力稍弱，而供应链融资模式和基于大数据的网络小贷模式略胜一筹。基于大数据的网络小贷模式的优势在于利用数据挖掘和分析技术，集合和整理网络平台散落的数据片段，对借贷双方信用等级进行评测分级，可大大降低融资过程中的信息不对称性问题。这对于信誉好经营稳定且网络营销运用较好的中小企业大有裨益，有利于缓解金融机构"惜贷""慎贷"的问题。

供应链融资模式的主要优势是供应链中信誉较好的核心企业的高信用可以惠及链属企业，有助于化解传统金融模式下中小企业因有效担保物少或者信誉不高而面临的贷款困境。

二 数字普惠金融的支付模式

（一）移动支付（M-payment）

在数字普惠金融的众多支付模式中，移动支付占据着极为重要的地位。其核心特点在于用户能够借助智能手机或其他移动设备随时随地开展支付活动。二维码支付方式的普及使得支付过程极为简便，用户仅需使用手机扫描相应二维码，即可迅速完成资金的转移。而近场通信（NFC）支付，如 Apple Pay、Google Pay 等，则利用手机内置的 NFC 芯片，在近距离内实现安全快捷的支付交互。这种移动支付模式的优势显著，其便捷性与快速性极大地改变了人们的支付习惯，减少了对现金的依赖程度，尤其在小额高频支付场景中表现卓越，如日常购物、餐饮消费等领域，显著提升了支付效率与交易速度，促进了消费市场的活跃与繁荣。

（二）电子钱包（E-Wallet）

电子钱包作为一种创新的支付工具，本质上是用户在移动设备或线上平台所拥有的虚拟账户。它具备存储资金并用于各类支付与转账操作的功能。在中国，支付宝与微信支付堪称典型代表，在国际上则有 PayPal、Venmo 等知名产品。电子钱包的功能丰富多样，不仅支持常规的在线支付、转账业务，还能便捷地进行水、电、燃气等费用的缴纳以及开展理财活动。其突出优势在于无须烦琐的银行卡绑定流程，这一特性对于那些难以获取传统银行服务或缺乏银行卡的群体而言，极大地降低了金融服务的门槛，使他们能够轻松融入数字支付体系，享受到便捷的金融服务，从而推动了金融服务的普及与普惠化进程。

（三）数字货币支付（DCEP）

数字货币支付模式的兴起为金融交易带来了新的变革。它涵盖了法定数字货币与加密货币两种类型。法定数字货币如数字人民币、CBDC 等，依托国家信用背书，具备高度的稳定性与合法性。加密货币支付如比特币、以太坊等则以区块链技术为支撑，在特定的应用场景中发挥作用。其技术核心区块链技术能够有效确保交易的透明性与安全性，使得每一笔交易都可追溯且难以篡改。在应用场景方面，法定数字货币正逐步在国内的零售支付、政务服务等领域试点推广，而加密货币支付则在国际支付领域以及面向无银行账户用户时展现出一定优势，能够有效降低跨境支付过程中的汇率成本与中介费用，显著提高支付效率，为全球范围内的资金流转提供了一种新的解决方案。

（四）即时支付系统（IMPS）

即时支付系统通过构建实时支付网络，实现了资金的即时转账与结算功能。例如印度的 UPI、英国的 FPS 以及美国的 Zelle 等都是典型的即时支付系统代表。这类系统的显著特点是能够确保资金在极短时间内到账，几乎实现了实时性。其应用场景主要集中在紧急支付需求场景，如突发疾病的医疗费用支付、紧急的商业资金调配等，以及工资发放等对资金到账时效性要求较高的领域。通过即时支付系统，资金能够迅速流转，极大地提高了资金的使用效率，减少了资金在途时间所带来的机会成本与风险，为经济活动的高效运转提供了有力保障。

（五）电子转账（EFT）

电子转账模式允许用户借助数字渠道，主要包括网上银行和手机银行等，便捷地进行资金转账操作。在个人之间的资金往来场景中，如亲友间的借款还款、个人馈赠等，电子转账提供了一种安全、高效且无须现金实物交割的方式。对于小微企业而言，在支付供应商货款或发放员工工资时，电子转账更是发挥着重要作用。其优势不仅体现在无须现金交易，避免了现金保管、运输等环节的风险与成本，还显著提高了支付效率，使得资金能够快速准确地到达指定账户，同时降低了企业的运营成本，促进了企业财务管理的数字化与规范化进程。

（六）点对点支付（P2P支付）

点对点支付借助数字平台实现了个人之间直接的支付与转账功能，无须传统金融中介机构的介入。在美国，PayPal、Venmo、Zelle等平台广泛应用，在中国则有微信支付和支付宝等在P2P支付领域表现突出。这种支付模式操作极为简单，用户仅需在平台上输入对方账户信息和支付金额等关键要素，即可轻松完成资金转移。其交易成本相对较低，主要得益于减少了中间环节的费用收取。因此，点对点支付特别适合个人之间的资金转移场景，如朋友间的聚餐费用分摊、个人兼职收入的收取等，极大地提升了个人间资金往来的便捷性与灵活性，促进了个人经济交往的活跃度。

（七）跨境支付（CBP）

跨境支付（cross-border payment，CBP）是数字普惠金融在国际金融领域的重要体现。它借助先进的数字技术，如区块链技术、SWIFT GPI以及数字货币等，突破了传统跨境支付的诸多限制。在国际贸易活动中，跨境支付能够确保买卖双方资金的安全、快速结算，促进全球贸易的顺畅进行。对于海外汇款业务，它为移民劳工向家乡汇款提供了更高效、低成本的途径。在跨境电商领域，跨境支付更是连接全球买家与卖家的关键桥梁。其优势主要体现在能够显著降低汇率成本和中介费用，减少因汇率波动和中介机构导致的资金损失，同时大大提高跨境交易的效率，缩短资金在途时间，增强了全球经济金融的互联互通性。

（八）智能合约支付（smart contract）

智能合约支付基于区块链技术构建的智能合约机制，按照预先设定的条件自动执行支付操作。在供应链金融场景中，智能合约能够依据合同条款，如货物的交付节点、质量检验结果等关键信息，自动触发支付流程，确保供应链上下游企业之间资金流与物流的精准匹配，提高供应链的协同效率与稳定性。在众筹项目中，当项目达到预定的筹资目标后，智能合约可自动将资金支付给项目发起方，保证了资金分配的公正性与透明性。这种支付模式的优势在于极大地减少了人为干预因素，有效避免了因人为操作失误、道德风险等导致的支付纠纷，确保支付过程的透明性与合规性，为金融交易的自动化与智能化发展提供了有力支撑。

（九）无卡支付（CNP）

无卡支付（card - not - present，CNP）模式使得用户无须依赖实体银行卡即可完成支付操作。其典型形式包括手机银行支付和电子钱包支付等。在如今的线上购物环境中，用户只需将银行卡信息与手机或电子钱包进行绑定，在购物结算时选择相应的无卡支付方式，输入支付密码或进行指纹、面部识别等生物验证即可完成支付。在线下扫码支付场景中，同样无须出示实体银行卡，仅通过手机扫描商家二维码就能轻松付款。这种支付模式有效降低了用户对实体卡片的依赖程度，避免了因卡片丢失、被盗刷等带来的风险，进一步提高了支付的便捷性与安全性，适应了现代数字化生活的快节奏需求。

（十）社交支付

社交支付将支付功能巧妙地嵌入社交媒体平台，实现了支付与社交的深度融合。以微信红包、支付宝红包为代表的社交支付应用在中国广受欢迎，而 Facebook Pay 则在国际社交网络平台上展现出社交支付的魅力。这种支付模式的独特优势在于能够显著增强用户体验，将社交互动与资金往来有机结合。例如在节日期间、朋友生日或特殊庆祝活动时，发送红包成为一种流行的社交表达与互动方式，同时也推动了小额支付的广泛普及。社交支付借助社交网络的强大传播力与用户黏性，为数字普惠金融的推广开辟了新的路径，促进了金融服务在社交群体中的快速渗透与应用。

第三节 数字普惠金融的发展特性

一 技术驱动性

（一）核心技术的广泛应用

1. 云计算与边缘计算

云计算和边缘计算为普惠金融服务提供了强大的技术支持，特别是在存储和实时计算方面。云计算能够处理和存储海量数据，使得金融机构能够更好地管理客户信息、交易数据和财务状况。同时，边缘计算通过将计算资源部署至数据产生的源头附近，增强了实时数据分析与处理的效率，降低了延迟，提高了系统响应速度。

2. 移动互联网技术

移动互联网技术提升了金融服务的可及性，特别是在偏远地区和欠发达地区。通过智能手机和互联网，用户可以随时随地访问金融服务，不再受到传统金融机构营业时间和地理位置的限制。移动互联网技术为个人用户提供了更加便捷、快速的金融服务，推动了普惠金融的发展。

3. 人工智能（AI）

人工智能的应用使得金融服务的自动化和智能化水平得到了

显著提升。AI 技术通过机器学习、自然语言处理（NLP）等方式，提升了金融行业在客户服务、风险评估、资产管理等方面的效率和精准度。AI 技术可以处理海量数据，并且通过算法不断学习和优化决策过程，显著提升了金融服务的质量和响应速度。

（二）金融产品和服务创新

1. 技术驱动产品设计

随着大数据、人工智能等技术的发展，金融产品的设计愈加注重基于用户数据和市场分析来满足多元化需求。通过对用户的消费行为、财务状况、风险偏好等数据的深入分析，金融机构可以精准识别用户需求，进而开发小额贷款、微保险、智能理财等定制化产品。这些产品能够灵活适应不同客户群体的特点，提供更符合个体需求的金融解决方案，提升用户体验。

2. 数字化交付

利用在线平台和移动应用，金融服务得以在无缝的数字化环境中进行交付。通过智能手机和互联网，客户可以随时随地访问银行、保险、投资等金融服务，享受线上申请、即时审批和资金转账等便捷体验。数字化交付不仅提高了服务的效率，还大大降低了传统服务方式的成本，推动了金融普惠的发展。

3. 个性化服务

金融机构通过智能算法分析用户的金融数据、消费习惯和风险偏好，提供高度个性化的服务。基于这些数据，金融机构能够为客户量身定制融资方案、投资组合或保险产品，确保每个用户都能得到最适合的金融产品和服务，满足其个性化需求，同时提高了客户满意度和忠诚度。

（三）业务流程的自动化和优化

1. 自动化流程

人工智能和 RPA（机器人流程自动化）技术在金融行业的应用，大幅提升了业务流程的自动化水平。在贷款审批、支付清算、账户管理等环节，AI 和 RPA 技术能够自动化处理大量重复性工作。例如，在贷款审批过程中，AI 技术可以通过分析客户的信用数据、收入证明等信息，自动生成贷款决策建议；RPA 技术则可用于自动化支付和清算操作，减少人工干预，提高效率。

2. 智能风控

智能风控通过实时监测和数据分析，提高了金融机构的风险识别与控制能力。AI 技术结合大数据分析，可以即时评估借款人的信用风险、市场波动和潜在违约情况，帮助金融机构在决策时精准识别风险并及时采取预防措施。此外，智能风控还可持续学习和优化，提升预测准确性和反应速度。

3. 提高运营效率

自动化与智能化技术的应用能够大幅降低人工介入的需求，加快服务响应速度和运营效率。在客户申请贷款或进行交易时，系统可以即时处理申请和数据，迅速反馈结果，减少等待时间。自动化还降低了人工操作带来的错误风险，从而减少运营成本，提高了整个金融服务的质量与客户满意度。

（四）提升用户体验

1. 无缝衔接的服务

通过先进的技术手段，金融机构能够提供无缝衔接的服务体验，让用户在不同的设备和平台上都能方便快捷地进行金融操作。无论是通过移动应用、网页端，还是自助服务终端，用户可以随时随地进行账户查询、转账支付、贷款申请等操作。无缝衔接的服务提升了用户的便利性，尤其是在日常生活中，用户能够更加灵活地进行金融活动，不再受限于传统银行营业时间和地点。

2. 友好的用户界面

金融产品的 UX/UI（用户体验/用户界面）设计在提升用户体验中扮演着重要角色。通过深入分析用户的需求和行为，设计直观、简洁、易操作的界面，可以极大地提升金融产品的可用性。基于用户行为分析，金融机构能够优化页面布局、流程设计等，让用户在最短时间内完成操作。良好的用户界面不仅提升了金融产品的易用性，还能提高用户满意度和忠诚度。

3. 实时反馈与互动

智能客服、消息推送等技术增强了金融服务的互动性和即时响应性。通过 AI 客服，用户可以在任何时间向平台询问相关问题，获得即时解答。消息推送可以在用户账户发生变化、贷款审批通过、市场波动等情况下，及时向用户发送通知，帮助其随时掌握账户动态和金融信息。这种实时互动提升了用户对金融平台的信任和依赖。

（五）安全性与隐私保护

1. 多重身份验证

为确保交易和账户安全，多重身份验证已成为金融服务中不可或缺的环节。生物识别技术，如人脸识别和指纹识别，能够有效验证用户身份，防止账户被盗用或欺诈。通过这些技术，用户可以在进行敏感操作时提供更加安全的身份认证，降低非法访问的风险。

2. 数据加密和隐私保护

在数据传输和存储过程中，金融机构广泛采用先进的加密技术和隐私计算技术，以保障用户数据的安全。加密技术能够确保用户的交易数据、账户信息和个人资料在传输过程中不被窃取或篡改；而隐私计算技术则在保护用户隐私的同时，确保数据的使用和共享不会泄露敏感信息。这样既能保障用户的隐私安全，又能实现数据的高效利用。

3. 降低欺诈风险

区块链技术通过去中心化的分布式账本机制，确保金融交易的透明性和不可篡改性。这一技术不仅提升了金融交易的安全性，还使得交易记录能够被追溯，极大降低了金融欺诈和数据篡改的风险。区块链的不可篡改性保证了交易的真实性，增进了用户和金融机构之间的信任，尤其是在跨境支付、供应链金融等场景中，区块链的应用有助于提高效率、减少中介和降低欺诈风险。

二 服务便捷性

（一）随时随地的金融服务

1. 全天候服务

数字普惠金融通过互联网和移动应用，打破了传统银行服务时间和空间的限制，用户可以随时随地访问金融服务。无论是通过智能手机、平板电脑还是其他移动设备，用户均能获得全方位的金融服务体验。利用在线平台和数字化技术，用户能够随时随地执行账户查询、贷款申请、支付结算等多种金融操作，不再受银行营业时间和地理位置的限制，从而显著增强了金融服务的便利性和普及程度。

2. 移动设备支持

智能手机和平板电脑等移动设备已成为普惠金融服务的重要工具。用户通过这些设备，不仅能够进行资金管理、查看投资情况，还可以轻松完成转账、支付账单、申请贷款等操作。移动端金融服务的普及，使得即便是偏远地区的用户，也能够享受到便捷的金融服务，大大促进了金融服务的普惠化和高效性。

（二）便捷开户与交易

1. 远程验证与开户

传统金融开户往往需要亲自前往银行或金融机构办理，但随着技术的发展，数字普惠金融提供了远程开户服务。用户只需通过在线身份验证，如生物识别（指纹、面部识别）或视频认证，即可完成账户注册和身份验证，避免了烦琐的线下流程。这种方式不仅提高了开户效率，还为用户提供了更便捷的体验，尤其适合忙碌的工作人士或偏远地区的客户。

2. 即时交易与结算

随着实时支付系统的出现，金融交易的时效性得到了极大的提升。无论是跨行转账还是资金结算，都能够在数秒钟内完成。通过实时支付系统，用户不仅可以快速完成个人交易，还能更高效地进行大额资金调度，特别适用于商业交易和跨境支付等场景。即时结算不仅加速了资金流动，还优化了企业现金流管理，提高了金融市场的整体效率。

（三）简化操作流程

1. 一站式服务

数字普惠金融推动了服务的整合与简化，用户可以在同一个平台上完成多种金融操作。例如，通过同一账户申请贷款、支付账单、购买理财产品等，不仅节省了时间，还提升了整体用户体验。这种一站式的服务模式让用户可以在多个金融需求之间进行无缝切换，增加了平台的用户黏性。

2. 自动化操作

金融服务中越来越多的操作流程通过智能化系统实现自动化。比如，贷款审批、账单扣款、收益分配等环节，均可通过智能系统自动执行，极大减少了人工干预。自动化不仅提升了操作效率，还提高了准确性和可靠性，减少了人为失误。对于用户而言，自动化操作使得他们办理日常金融业务更加轻松，无须频繁干预即可享受无忧的金融服务。

（四）用户界面友好

1. 直观的界面设计

金融平台和应用的 UX/UI 设计注重用户的便捷性和操作流畅性。界面简洁、清晰，按钮布局合理，确保用户可以轻松找到所需功能，完成金融操作。通过精心设计的界面，金融产品和服务变得更加易用,特别是对于那些不熟悉复杂操作的用户,直观的界面设计使得他们能够快速上手,享受流畅的操作体验。

2. 多语言支持

为了适应不同用户群体的需求,尤其是在跨境金融服务中,金融应用通常提供多语言界面。无论是何种语言,用户都能够在自己的母语环境中使用金融平台。这对于文化和教育背景不同的用户群体尤其重要,能够帮助他们更好地理解和使用金融服务,打破了语言障碍,增强了服务的普及性和可及性。

(五)快捷的支付方式

1. 二维码支付

二维码支付技术已在全球范围内得到广泛应用,特别是在零售、公共服务等领域。用户只需扫描商家提供的二维码,就可以完成支付,省去了烦琐的输入银行卡信息的步骤。二维码支付因其便捷性和高效性,已成为最常用的支付方式之一,特别适用于快速结账的场景。

2. 近场通信(NFC)支付

NFC 支付技术使得用户通过简单的设备接触即可完成交易。用户只需将支持 NFC 功能的手机或银行卡靠近支付终端设备,即可完成支付,无须输入密码或 PIN 码。这种方式既快速又安全,非常适合快节奏的商业环境,例如在交通运输、便利店等场所。

3. 无卡支付

无卡支付是指通过电子钱包或直接绑定银行账户进行支付,而无须携带实体银行卡。用户可以通过智能手机、平板等设备进行支付,实现真正的"随身金融"。无卡支付不仅提高了支付的便利性,还有效降低了银行卡被盗用的风险,为用户提供了更为安全和高效的支付体验。

三　产品多样性

（一）贷款产品多样性

小额贷款。小额贷款额度小、期限短、审批快，适用于低收入人群、小微企业、农户群体，常用于个人消费、临时资金周转、农业生产。

消费贷款。消费贷款主要用于个人消费支出，分期还款。例如电商购物、教育培训、旅游、医疗美容等。其产品形式为信用贷款、分期付款。

经营性贷款。经营性贷款主要为小微企业和个体经营者提供资金支持。其主要用于库存补充、设备采购、业务扩展等场合。

农业贷款。农业贷款是专为农民和农业相关产业设计的贷款，以支持农业生产和发展。其主要用于购买种子、肥料、农机等。

（二）储蓄与理财产品多样性

1. 灵活储蓄

灵活储蓄在数字普惠金融体系中是一种基础且重要的资金管理方式。其显著特点为用户能够依据自身需求随时进行资金的存入与支取操作，与此同时，还可获取一定的利息收益。这种储蓄模式的优势在于赋予了资金高度的流动性，极大地契合了用户在日常生活中的各类储蓄需求。无论是应对突发的小额资金支出，还是为短期的资金规划提供存储场所，灵活储蓄都能有效地满足。

2. 固定存款

固定存款是一种相对传统但在数字普惠金融中依然占据重要地位的理财形式。其特点表现为利率水平相较于活期储蓄更为可观，然而资金需在预先约定的固定期限到期后才能取出。这类产品主要适用于拥有闲置资金且以追求稳定收益为目标的用户群体。对于这类用户而言，他们可能短期内没有资金的紧急使用需求，更倾向于将资金进行稳健的投资以获取相对较高的回报。

3. 智能理财产品

智能理财产品是数字技术与金融深度融合的创新成果。其核心特点在于充分利用人工智能技术，通过对用户风险偏好、投资目标以及个人财务状况等多维度数据的深度分析，为用户精准推荐适配的理财产品组合。其形式丰富多样，涵盖基金、债券、股票、保险等多种金融工具的灵活组合。这种智能推荐模式打破了传统理财中用户因信息不对称而面临的选择困境，使得理财决策更加科学合理。

4. 低门槛理财

低门槛理财旨在满足更广泛群体的理财需求，尤其是那些初次接触理财且资金规模相对有限的用户。其突出特点为起投金额较低，极大地降低了理财的准入门槛。在数字普惠金融环境下，低门槛理财使得众多普通民众有机会参与到金融市场的投资活动中来，分享经济发展的成果。

（三）保险产品多样性

1. 微保险

微保险作为数字普惠金融在保险领域的关键体现，具有鲜明的特征。其保费低廉，能有效契合低收入人群的经济承受能力，同时覆盖面广泛，涵盖了多种风险类型。专为低收入群体打造的微保险，在保障民生方面发挥着积极作用。微保险以其小额分散的特性，降低了保险门槛，使更多弱势群体能够获得风险保障，从而增强了他们应对不确定性的能力，促进了社会的稳定与公平。

2. 生活场景保险

生活场景保险是紧密围绕特定生活场景而设计开发的保险产品。其特点在于精准定位特定场景下的风险需求，如旅游险针对旅行者在旅途中可能面临的航班延误、行李丢失、意外受伤等风险；物流险为商品在运输过程中的损坏、丢失等风险提供保障；

手机碎屏险则专注于电子设备使用过程中屏幕意外破损的风险。这些保险产品的适用场景明确，能够满足消费者在不同生活情境下的风险防范需求。通过将保险服务嵌入具体的生活场景中，不仅提高了保险的针对性和实用性，还使消费者更易理解和接受保险的价值，进一步推动了保险在日常生活中的普及与应用。

3. 农业保险

农业保险在数字普惠金融体系中对农业领域意义重大。其核心特点是为农户在农业生产的全周期提供全方位的风险保障。从作物种植到牲畜养殖，再到应对各类气象灾害，均有相应的保险产品。农业保险的存在有效分散了农业生产的自然风险和市场风险，稳定了农户的收入预期，激励他们积极投入农业生产，对保障国家粮食安全和促进农业现代化发展起到了支撑作用。

（四）场景化金融产品

1. 电商金融

电商金融作为数字普惠金融与电子商务深度融合的产物，呈现出独特的发展模式与特点。其主要特点是紧密依托电商平台海量的交易数据与用户信用信息，创新性地提供消费分期、账单支付等多元化金融服务。在典型场景方面，电商购物分期已成为主流应用之一。消费者在购买高价商品如电子产品、家电等时，可选择将付款金额分期支付，减轻了一次性支付的经济压力，从而刺激消费需求。信用支付则允许用户在信用额度内先消费后还款，提升了购物体验与支付便捷性。

2. 教育金融

教育金融在数字普惠金融框架下，为个人的教育投资提供了有力的资金保障机制。其显著特点是专注于教育领域费用的支持，涵盖了教育相关费用的分期支付与贷款服务。在应用场景上，学费分期服务为众多学子尤其是家庭经济条件有限的学生提供了接受高等教育或职业技能培训的机会。职业培训贷款则针对那些希望提升自身职业技能以获取更好就业机会的人群，为他们参加各类职业技能培训课程提供资金支持，无论是短期的 IT 培训还是长期的专业技能认证培训，教育金融都能在资金方面给予助力，从而促进了教育资源的更广泛分配与个人职业发展能力的提升，在推动社会人力资源素质提升与教育公平方面发挥着积极作用。

3. 医疗金融

医疗金融在解决民众医疗费用支付难题方面发挥着关键作用，其核心特点是针对医疗费用提供灵活的分期付款方案或专项贷款支持。在适用场景方面，手术费用往往较高，医疗金融可使患者在手术后按约定的期限和金额进行分期支付，避免因一次性支付高额费用而陷入经济困境。住院治疗费用同样如此，患者可通过医疗金融服务将住院期间产生的费用进行分期处理，减轻家庭财务压力。对于健康检查费用，一些预防性的高端体检项目价格不菲，医疗金融也能提供相应的支付便利，鼓励民众重视健康管理，提前预防疾病。医疗金融的存在有效缓解了因病致贫、因病返贫的社会问题，提高了民众对医疗服务的可及性与可负担性，促进了医疗行业与金融行业的协同发展，为构建健康社会提供了坚实的金融保障。

四　成本效益性

（一）降低运营成本

数字化转型使得金融服务能够在线上进行，从而大大减少了传统金融模式中需要的硬件设施、人工服务和管理成本。传统银行或金融机构需要建立庞大的网点网络，雇用大量员工，而数字普惠金融通过移动应用、在线平台等方式为用户提供服务，避免了这些传统运营成本。比如，很多互联网金融平台通过自动化的流程和算法来代替人工审核、风险评估、客户服务等环节。

（二）实现规模效应

数字普惠金融通过互联网和大数据技术，可以在全球范围内为大量用户提供金融服务。相比传统银行服务，数字普惠金融能够在极短的时间内将其产品推向更广泛的市场，达到更大规模的覆盖。随着用户基数的增大，平台可以通过扩大规模获得更低的边际成本，从而降低单位服务成本。尤其是在跨地域服务的背景下，数字平台可以将固定成本（如技术研发和平台维护成本）摊薄到更多用户身上，从而提高整体的成本效益。

（三）满足个性化需求

数字普惠金融通过利用大数据、人工智能等技术，可以深入分析用户的需求和行为，进而实现精准定价和个性化服务。传统金融服务往往依赖固定的费率或标准化产品，而数字金融通过动态调整价格和产品来满足不同用户群体的需求。例如，基于用户的信用评分和借贷历史，平台可以为不同用户提供差异化的贷款利率或保险产品。精准定价不仅提高了服务的满足度，还减少了资源的浪费。

（四）提升支付与结算效率

数字普惠金融在支付和结算方面的技术创新显著提高了效率并降低了成本。传统银行或支付机构的跨境汇款、交易结算往往需要较长时间且收取费用较高。而数字支付平台、区块链等技术的引入，使得支付和结算过程更加快速、便捷且费用大幅降低。例如，使用区块链技术进行支付结算可以省去传统银行体系中的中介费用和复杂手续，降低交易成本并加快资金流转。

（五）提供多样化产品和服务

数字普惠金融能够通过灵活的产品设计和创新，满足不同用户群体的多样化需求。这些产品通常成本较低，同时也能满足用户个性化的金融需求。例如，针对低收入群体的微型贷款、消费信贷、短期保险等，都可以通过数字平台实现低成本提供。此外，借助数字技术，金融产品的创新能够更加灵活地调整结构，降低产品开发的成本。

（六）普惠性与风险分摊

数字普惠金融通过互联网和大数据为广泛的群体提供金融服务，尤其是那些传统金融体系难以覆盖的低收入群体和边远地区的用户。相比传统银行服务，数字普惠金融可以在提供更低成本的服务的同时，降低金融服务的门槛和风险。此外，数字普惠金融平台可以通过大数据分析、信用评分等技术手段来分散和管理风险，从而实现成本效益最大化。例如，在线贷款平台利用数据分析来精确评估借款人的还款能力，减少不良贷款的发生，提高平台的整体盈利能力。

（七）优化获取和服务成本

数字普惠金融使得金融机构能够更高效地获取客户并降低营销成本。传统金融机构通常依赖实体网点、广告宣传等方式来获取客户，这些方式成本较高。而数字平台通过社交媒体、在线广告、大数据分析等手段，能够低成本、高效率地精准定位潜在用户，提升用户获取率。同时，借助自动化服务和智能客服，数字金融平台能够在无须大量人工干预的情况下提供优质的客户支持，降低了服务成本。

（八）管理风控和违约成本

数字普惠金融平台能够利用大数据分析、人工智能等技术进行实时风险监测和违约预测。这使得平台能够提前识别潜在风险，并采取有效的预防措施，从而降低贷款违约率、损失率等。同时，数字普惠金融能够更加精准地进行贷后管理，通过算法自动化的催收系统或智能客服，进一步降低了人工催收的成本。

（九）创新金融产品开发成本

数字普惠金融能够通过创新技术快速推出新的金融产品，避免了传统金融产品开发中烦琐的审批和设计流程。尤其是面向特定群体（如学生、农民等）的创新性金融产品，能够通过数字平台快速设计和推广，降低了产品创新的研发和市场推广成本。

五　风险复杂性

（一）技术风险

数字普惠金融的基础是技术，包括互联网、云计算、大数据、人工智能等。在这种技术驱动的环境中，技术故障、系统崩溃、数据丢失和安全漏洞等风险时有发生。比如，金融平台的系统出现故障可能导致交易中断或资金安全问题，而技术漏洞可能会成为黑客攻击的目标，造成大规模的客户数据泄露或资金被盗。

（二）信息安全与隐私风险

数字普惠金融需要处理大量用户的个人信息、金融数据等敏感数据，这使得其面临严重的数据安全和隐私泄露风险。随着网络攻击手段的日益复杂和精准，黑客入侵、数据泄露等问题对用户的资金和个人隐私构成威胁。由于一些用户对网络安全的意识较弱，尤其是在低收入群体中，这种风险更加突出。

（三）信用风险

传统的信用评估主要依赖于借款人的历史信用记录和财务状况，而数字普惠金融常常为缺乏传统信用记录的群体提供金融服务（例如小微企业、低收入人群、无银行账户者等）。信用评估模型的创新和数据采集方式的变化增加了信用评估的不确定性。如果依赖的非传统数据源（如社交媒体、手机支付记录等）不准确或不充分，可能导致错误的信用评估，从而增加违约风险。

（四）市场风险

数字普惠金融中的新兴市场和产品往往带有较高的市场风险。例如，在一些地区，虽然数字支付或数字贷款市场快速增长，但由于当地经济的不稳定性、法律制度不健全、金融消费者教育不足等因素，市场可能面临较大的波动性。数字普惠金融机构在这些市场中经营时，可能受到外部经济变化或政策变动的影响。

（五）操作风险

在数字化环境下，金融服务和操作通常是自动化和线上化的，这就可能出现操作失误、流程漏洞或合规问题。由于系统的复杂性和技术依赖性较高，任何一次操作错误或技术缺陷都可能导致较大的损失。此外，由于数字普惠金融涉及多个环节和平台，跨平台和跨机构的协调和沟通也增加了操作风险。

（六）合规风险

数字普惠金融常常涉及多个国家或地区的跨境业务，这就带来了合规风险。不同国家对金融产品、消费者保护、数据保护等方面的法律规定差异较大，数字金融机构需要不断调整以满足不同地区的法律法规要求。反洗钱（AML）、打击恐怖融资（CFT），以及数据保护等合规要求都需要金融机构投入大量资源进行应对。

（七）道德风险

数字普惠金融的发展过程中，可能出现某些企业或个人利用技术平台的漏洞进行不当行为或欺诈。例如，一些平台可能在没有充分透明的情况下，向用户提供高利贷或不合法的金融产品，或者以不公正的方式收取费用。道德风险的存在可能损害用户信任，从而影响数字普惠金融的可持续发展。

（八）流动性风险

数字普惠金融的普及推动了在线借贷和微型贷款的快速发展，

这带来了潜在的流动性风险。部分用户可能由于贷款额度较小，且频繁进行小额借贷，导致他们难以按时偿还，从而影响到金融机构的资金流动性。尤其是在没有传统银行的担保或资本支持的情况下，小额贷款平台可能面临较高的资金回流压力。

（九）社会风险

数字普惠金融的普及虽然能够提高金融的包容性，但也可能加剧某些群体的债务负担，尤其是对于金融知识较为匮乏的群体（如低收入人群、老年人等）。这些群体可能由于信息不对称或缺乏风险识别能力，购买不适合自己的金融产品或服务，从而导致较高的负债风险。

六　创新迭代性

（一）技术驱动的创新

数字普惠金融主要依托大数据、人工智能、区块链、云计算等前沿技术实现创新。这些技术不仅提升了金融服务效率，还降低了运营成本，使得普惠金融得以广泛覆盖。通过大数据分析，金融机构能更精准地分析客户，优化风控体系，提供个性化服务。同时，人工智能的应用增强了客户体验，如智能客服、自动审批等。技术创新还推动了服务模式升级，从单一信贷向多元化、综合化服务拓展，满足了不同客群的需求，促进了普惠金融的高质量发展。

（二）服务模式的创新

在数字普惠金融的框架下，传统金融服务的提供方式被重塑，金融服务产品从单一信贷向财富管理、综合服务等更广泛领域拓展。例如，借助手机银行、电子钱包、在线贷款平台等，传统的银行服务逐渐向线上转型，降低了用户的使用门槛，提高了金融服务的普及率。此外，P2P借贷、众筹等新型金融模式也得到了迅速发展，满足了不同群体的多样化需求。

（三）用户体验的优化

数字普惠金融通过数字化转型，显著优化了用户体验。借助大数据和人工智能技术，金融机构能够为客户提供全渠道、端到端的金融服务，提升服务的便捷性和个性化。同时，通过搭建智能化的风控模型，数字普惠金融还增强了信息真实性和数据有效性，提升了交易安全性。此外，金融机构还不断创新服务模式，如推出适老化无障碍服务，满足不同客群的需求，增强了用户对数字普惠金融服务的获得感和满意度。例如，利用生物识别技术（如指纹、面部识别）简化身份验证过程，提高客户体验。

（四）政策和监管的调整

数字普惠金融的创新不仅体现在技术和产品层面，还涉及政策和监管的持续创新。政策层面，政府出台了一系列支持措施，如减税降费、资金补贴等，鼓励金融机构加大投入。同时，监管部门强化了对数字普惠金融的监管，确保其业务规范、风险可控。这些调整旨在平衡创新与风险，推动数字普惠金融在支持小微企业发展、服务乡村振兴等方面发挥更大作用，同时保障金融消费者的合法权益。例如，数字货币、在线借贷平台的推出，都促使监管机构出台新的规定和措施，以确保金融市场的稳定和透明。

第四节　数字普惠金融的风控与监管

一　数字普惠金融的风控

与传统的风险管理相比，基于数字技术的风险管理能够实现样本监测全覆盖，对风险发生的规律、方式、特征等方面进行及时的分析，然后能最大限度地优化风险测评与管理。例如，数字技术可对已经监测到的风险开展量化分析，然后设计出与风险相匹配的金融产品，将不同风险的金融产品销售给信用等级不同的客户，从而实现更优的风险分散或风险转移。

陆岷峰和徐阳洋认为，可以应用大数据技术、AI 技术手段对金融服务平台发布的借款信息、借款人身份进行交叉检验，核实源头信息的真实性，建立更有效、智能的风控系统。[①]

以百融金服的风控解决方案为例，百融金服是百融金融信息服务股份有限公司的简称，是一个集人工智能、风控云、大数据技术于一体的智能科技公司，为金融行业提供产品与管理服务。该公司设计的风控管理方案改变基于信贷历史的传统风控逻辑，在数据来源、分析效率、风险管理等方面实现了依托大数据技术的创新。

在数据来源方面，互联网上以各种方式被记录下来的数据都可以成为信用建立的原材料，形成包括融资用户身份类数据、社交类数据、互联网行为数据、消费数据、信用类数据、履约能力类数据和公债类数据的数据源，大大拓展了传统数据的覆盖面。

在分析效率上，利用机器学习、知识图谱、决策树等大数据技术，进行数据清洗、整合与挖掘，可以提高数据使用效率，提升客户信用分析的准确性。在风险管理上，利用客户信用分析结论提供金融服务支持，同时在贷后建立大数据技术驱动的催收模式。

尽管数字化在普惠金融的推进中渐入佳境，但总体来看，数字风控技术的应用在中国尚处于初级阶段，在用户授权、数据采集、信息挖掘、征信服务与应用等诸多方面，还有较大的发展潜力与发展空间。数字风控的难度在于其对数据和技术的要求上，金融机构该如何克服这一问题，提高金融产品与服务质量，有待

---

① 陆岷峰、徐阳洋：《数字小微金融或可解决小微企业融资难》，《中国银行业》2018 年第 8 期。

实践的进一步探索。目前来看，单一的金融机构难以做到，与专业、中立的第三方技术风控公司合作是符合专业化分工理论的一条可行路径。

二　数字普惠金融的监管

数字技术的创新性应用为普惠金融注入了新活力，与此同时，也带来了新风险，不仅包括金融风险，还有数字风险，可能造成数字鸿沟、信息泄露、数字金融供应商的欺诈等问题，对金融监管提出新要求、新挑战。金融监管一方面要助力增强普惠金融能力，另一方面要提升数字化监管水平，以实现数字普惠金融创新与风险、商业利益与社会责任的动态平衡。目前，数字普惠金融监管主要在以下四个方面推进。

（一）推进金融监管的数字化升级

金融监管体系要能根据金融发展水平、结构变迁和风险变化，动态配置监管资源，促使金融监管能力建设与金融创新相适应。数字化转型是金融行业面临的一大发展趋势，金融监管当局在引导金融机构加快数字化转型的同时，日益重视监管的数字化升级，以防止出现因数字壁垒产生的风险应对不足等问题。

2020 年中国人民银行的科技工作电视电话会议明确指出，要加强科技支撑，深入开展"数字央行"建设，以提高金融监管能力。同时，国家金融监督管理总局也在推进制定数字化转型的专项监管政策，例如其在 2021 年 1 月发布《中国银保监会监管数据安全管理办法（试行）》，旨在建立监管数据安全协同管理体系。同年，中国证监会形成了以科技监管局、信息中心为一体，以中证数据与中证技术为两翼的科技监管架构，以优化监管功能与信息技术对接机制。

2024 年 11 月，中国人民银行等七部门联合印发《推动数字金融高质量发展行动方案》，提出系统推进金融机构数字化转型，加强战略规划和组织管理，强化数字技术支撑能力，夯实数据治理与融合应用能力基础，建设数字金融服务生态，提升数字化经营管理能力。推动数字技术在科技金融、绿色金融、普惠金融、养老金融、数实融合"五篇大文章"服务领域的应用，创新金融产品和服务模式，提升重点领域金融服务质效。夯实数字金融发展基础，营造高效安全的支付环境，培育高质量金融数据市场，加强数字金融相关新兴基础设施建设。完善数字金融治理体系，强化数字金融风险防范，加强数据和网络安全防护，加强数字金融业务监管，提升金融监管数字化水平，健全金融消费者保护机制。

（二）加强数字普惠金融的规范建设

规范建设是数字普惠金融有序发展的基础与支撑。监管当局积极开展数字普惠金融产品设计、业务规范和技术安全的标准化、规范化工作，通过总结归纳通用方案和管理经验，形成一套符合中国金融发展的规范机制，以规范整顿市场乱象，促进数字普惠金融的有序发展。

自 2016 年以来，中国人民银行带头组织相继形成《中国金融移动支付支付标记化技术规范（JR/T0149－2016）》《云计算技术金融应用规范（JR/T0168－2018）》《移动金融基于声纹识别的安全应用技术规范（JR/T0164－2018）》、中国金融集成电路（IC）卡系列规范（JR/T0025－2018）等国家金融行业标准。针对 P2P 发展乱象，2019 年互联网金融风险专项整治工作领导小组办公室、P2P 网络借贷风险专项整治工作领导小组办公室联合发布了《关于做好网贷机构分类处置和风险防范工作的意见》，提供了六大类网贷机构处置规范。

为保障网络小额贷款公司及客户合法权益，2020 年银保监会同中国人民银行等部门推出了《网络小额贷款业务管理暂行办法（征求意见稿）》。在数字普惠金融行业的准入标准、服务标准、风险提示和披露机制方面，监管当局与行业共同制定了《非金融机构支付服务管理办法》、最低信息披露标准规则等，扩大 LEI 应用，完善数字普惠金融的合规操作。

2024 年 8 月，国家金融监督管理总局通过官网公布了《小额贷款公司监督管理暂行办法（征求意见稿）》，将网络小额贷款纳入统一监管，进一步明确了监管层级划分，明确小额贷款公司可以开展汇票贴现业务，规定了小额贷款业务的集中度要求和网络小额贷款单户贷款余额上限，严格规范小额贷款公司与第三方机构合作，细化了对贷款产品的要求。

（三）引入"监管沙盒"机制

"监管沙盒"在监管语境下是指监管者为金融科技公司提供一个安全框架，允许其在真实的市场环境中，测试创新性产品、服务或者商业模式，且相关活动不会招致通常的监管后果。这一概念是由英国政府科学办公室在 2015 年的《金融科技的未来》中提出的，之后英国金融行为监管局将其引入金融监管中。由于这一机制积极践行创新与安全目标并重，澳大利亚、新加坡、美国、日本等国纷纷效仿。

中国于 2020 年 3 月 16 日在北京首批试点，之后试点在上海、深圳、重庆、苏州、杭州、广州等"多地开花"，尝试将难以预测的数字普惠金融创新性的风险置于沙盒之中测试评估。已经入盒的金融业务种类包括信贷、创新性银行服务、支付、溯源、风控等，其中，信贷和风控占比超过一半。入盒的市场机构主体多为银行和科技公司，"持牌金融机构＋科技公司"搭车入盒是目前"监管沙盒"试点的一大特征。

（四）加强数字金融消费者保护

随着"数字＋金融"的大跨步发展，消费者合法权益受侵犯的事件频出。有部分不法分子甚至打着数字普惠金融的旗号从事金融骗局活动，致使消费者利益严重受损。

中国人民银行在 2020 年 9 月出台了《中国人民银行金融消费者权益保护实施办法》，在金融机构行为规范、个人金融信息保护、投诉受理与处理、监督与管理机制等方面，在更大的适用范围上提出了适应数字化发展的金融消费者保护新规范。

据中国人民银行报告，2023 年收到了 27.6 万件金融消费者投诉，从消费者投诉业务类别来看，信用卡业务投诉占比为 37.9%，借记卡业务投诉占比为 26.3%，贷款业务投诉占比为 20.9%；从消费者投诉原因来看，在制度流程方面出现的投诉占比为 76.7%，在收费定价方面出现的投诉占比为 9.1%，在服务方面出现的投诉占比为 4.0%。

除了显性的利益受损，数字普惠金融发展还存在隐性的风险，例如数字鸿沟问题。尾部客户群体相当一部分是缺乏金融知识和数字知识的，在获取数字普惠金融服务时会存在不同层次的障碍。加快普及金融知识，减少数字鸿沟的不利影响，既是保护消费者权利的内在要求，也是数字普惠金融持续发展的重要组成部分。

目前，各地监管机构联合服务机构开展金融知识宣讲、金融夜校、金融课堂、金融广播等各项活动深入基层，以精准有效地加强消费者的金融风险认知，持续提升消费者的金融素养。

第 二 章

乡村振兴概述

第一节　乡村振兴的内涵

乡村振兴战略是党的十九大后中国"三农"问题研究最重要的学术用语之一，但乡村振兴这一学术命题在中国早已有之，因此，尽管 2017 年党的十九大报告中，"乡村振兴战略"这一论述首次在中央的文件中正式被提出，但乡村振兴的任务并非临时的，其政策脉络并非孤立的，相对应的实践活动也并非与过去相割裂，而是与之前推进中国农业农村现代化的部署、实践一脉相承。所以说，乡村振兴是对长期历史任务在面对新时期的农村问题时的再诠释，是过去提出的一系列农村政策的系统总结和升华，是在中国共产党领导下对历史上工业与农业、城市与乡村发展关系的协调。

一　乡村振兴的定义

乡村振兴本质上是中国共产党按照中国特色社会主义现代化的路径来把握中国的命运和发展方向，实质上是一个国家现代化的问题。从词义来看，乡村振兴即提高乡村物质生活水平，推动乡村实现较大发展，使其兴旺繁荣，实现现代化。乡村振兴的背后，实际上是一个落后的农业国向现代化工业国转变的问题，对于中国来说，仍然是一个继续追求和实现现代化的过程。这意味着，从发展范式上看，乡村能否振兴很大程度上还将取决于工业化和城市化的水平，取决于城乡协力和城乡之间要素的充分流动，尤其是城市不断给乡村赋能的过程。

乡村振兴在概念上是明确的，在路径上将主要通过工业化、城市化和农业现代化的过程，来推动国家的现代化进程，这是乡村振兴的前提。从当前中央发布的关于乡村振兴的文件内容可以看出，中国的乡村振兴并非某单一领域的强化，而是既包括农村产业的兴盛，又包括农民富裕以及农村的整体繁荣等全方位的内容。党的十九大报告用"产业兴旺、生态宜居、乡风文明、治理有效、生活富裕"概括了乡村振兴的总要求，每项要求都是针对当前中国农村及世界各国现代化过程中曾出现或正在面临的困难和挑战而提出的。中国当前的乡村振兴战略，不仅细致规划了农业、农村、农民及农地等各个子系统的发展，而且明确提出要纠正以往的城市偏向发展战略，并切实推动城乡融合发展。

二 乡村振兴的提出背景

为何要在当前阶段讨论乡村振兴？乡村出现了什么问题？在全球范围内，国家现代化进程中，乡村地区普遍经历"空心化"，甚至出现衰退和消亡的现象。这一过程在发达国家过去上百年或近 50 年的发展历程中得到了生动的体现。例如，日本乡村的"过疏化"问题不仅致使乡村人口减少、收入下滑，还逐渐削弱了乡村社会的活力，引发人口老龄化加剧、村庄公共性功能衰退等现象；英国的过度城市化引发了公共卫生、就业、住房、交通等"城市病"，以及乡村生态破坏、城乡收入差距扩大等问题。"村落的终结""农民的终结"等声音始终萦绕在全世界人民的耳畔。

面对上述社会问题，日本、韩国、英国等都转向实行综合性的乡村发展政策，实施乡村振兴计划促进农业发展、农民增收和农村繁荣，并且取得了较为显著的效果。而拉美、南亚一些国家没有能力或没有政治意愿实施乡村振兴，大量没有就业的农村人口涌向大城市，导致较严重的社会问题，这是其落入"中等收入陷阱"的重要原因之一。中国在现代化进程中同样面对乡村衰败、农民衰落等问题，虽然我们难以将农村衰败问题的出现划归国家现代化进程中的一个规律，但肯定的是，作为农业大国的中国无论如何是不能让农村衰败的，这是国家发展的根本要求，也是中国共产党以人民为中心的发展思想的体现。在当前阶段来谈乡村振兴，既是历史交汇点上的必然要求，也是对中国过去城镇化、工业化过程中产生的问题的反思和总结。此外，还包含了对其他国家经验的借鉴和教训的反思。总之，当前谈乡村振兴的原因，具体而言包含以下几个方面。

从本质主义的角度讲，乡村的生活是人类政治社会生活不可缺少的部分，尤其对于中国这样一个小农经济占统治地位、具有悠久农耕文明的农业社会而言更是如此。中国作为一个农业大国，农业始终是国民经济的基础，国家的政治、经济、文化和意识形态都是围绕农业和农村构建的。大国小农是中国的一个基本国情。然而，在工业化和城市化的推动下，乡村的价值正在流失，城市成为"显贵"，农村渐被遗忘，成为"回不去的乡愁"和众多学者"返乡笔记"中的一抹担忧，所以亟须复兴乡村价值。但是需要强调的是，这并不意味着要复古或者回到过去传统小农社会的时代，而是要重新界定、关注和认识乡村在社会发展中的作用。

从功能主义的角度讲，经过政府长期乡村政策的影响，乡村的功能正在发生变化。以往以农业生产和农民居住为主的"农村"，正在向产业活动多元化、经济结构拓宽，以及就业和居住人口多样化的"乡村"转型。乡村已不再是过去"逃离"喧嚣的地方，实际上很多人希望回到乡村生活、生产、就业。而相对于这种变化，乡村的基础设施、社会公共服务远远落后于城市，互联网、清洁饮用水、交通道路等都与城市有着很大的差距。实际上，想要到乡村生活仍不方便，养老、医疗等公共服务可获得性很低，难以满足当前需要，更难以吸引高素质的人来就业。所以，从功能主义角度讲，乡村需要振兴，从而让乡村和城市协调起来而成为中国现代化进程中的有机组成部分。

从公平正义的角度讲，在新中国成立初期，为迅速实现从落后农业国向发达工业国的转变，政府采取了优先发展重工业的战略。为确保重工业的优先发展并获得农业剩余的支持，政府在农村实施了一系列相应的计划配置和管理措施。这包括设定工农业产品价格剪刀差、推行主要农产品的统购统销制度，以及建立农业集体经营体制。其结果是，在实现快速发展的同时，也造成了城乡二元结构。经过长期的虹吸效应，城市与工业得到了长远的发展，但乡村却在不断衰落，大量劳动力、资本外流至城市，乡村经济衰退、社会失序，甚至一度成为知识、资本的荒漠。就城乡对比而言，农村、农民、农业在现代化进程中奉献良多，却没能获得足够的"回报"。但当前，国家的经济发展水平达到了一个有可能补偿农村、农业和农民的条件，如仍不优先发展农业、农村、农民，不以高报酬部门的不断增长为低报酬部门提供补偿，未来的城市和乡村都将出现新的社会问题，尤其是乡村会彻底地衰败。

全球化产生的不确定性需要我们重新思考乡村的价值。自改革开放以来，尤其是加入 WTO 以来，中国人对未来的感受似乎非常确定，特别是城市中产阶级群体。但 2020 年以来全球暴发的新冠疫情以及世界上许多国家蔓延的逆全球化趋势，让人们对未来产生了极大的不确定性。这时候我们需要考虑：一个国家整体的社会安全点在哪里？于是乡村作为"压舱石"的概念就出来了，乡村的意义在于安定国民。

从当前发展情况来看，中国正处于工业化中后期阶段，信息化快速发展，城镇化步入中期，同时农业现代化也在全面推进中。随着中央关于农业农村改革和发展的一系列重大政策举措加速落地，农村居民人均可支配收入有了大幅增长，绝对贫困已经消除，农村生产力有了显著提高，可为全面推进农业农村现代化提供基础支撑，实施乡村振兴战略的发展条件已然具备。此外，当前正是中国重新反思处理工农关系、城乡关系的新的历史关口，因此，实施乡村振兴战略也是历史发展的必然选择。所有这些不同的方面，影响了新时期乡村振兴话语体系的形成，这个话语体系的背后有政治、经济、社会、文化等多方面的含义，并不是简单的一个策略，而是一个综合的政治社会景观的呈现。

三 农民是乡村振兴实践主体

中国百年的现代化并非内生性的，而是被迫现代化的，即被裹挟着进入西方主导的现代世界体系，在政治、经济、文化方面做出朝向现代化方向的调整。在这一过程中，面对西方的价值体系，农民是不具有"改造"乡村社会的能力的。自民国时期开始，国家和知识分子便在现代化过程中发挥了重要作用，梁漱溟、晏阳初等一批知识分子更是民国时期乡村建设运动中最为活跃的力量。但由于缺乏对民众需求和蕴含力量的正确认知，民众的主体性并没有得到发挥。相反，在民国时期，民众被认为是愚昧、自私的，农民一直作为被改革和教育的对象而存在。

第二次世界大战结束后，新农村建设运动在全球范围内逐渐从社会的自发行为转变为由政府主导或规划的行动。中华人民共和国成立后，政府作为现代化进程中的统筹引领角色，从政策层面指导农民进行乡村振兴实践，在基础建设、教育、医疗、农业技术推广等方面发挥重要的作用。但是从这一时期开始，城乡关系开始"失重",在新中国建设初期很长一段时间内,国家的建设重心是城市与工业。政府对于乡村建设的重心在于领导农民开展互助合作运动,农业集体化是农村工作中的主要建设任务。此时乡村力量被国家高度动员起来,基层社会与民众被纳入国家监控的有效范围之内。而就实践主体而言,政府是主导者,农民虽对新中国的创立和建设,对推动中国的工业化、城镇化做出了巨大贡献,但更多的是"被改造者"和参与者,同样也是现代化进程中的"牺牲者"。这份牺牲和贡献一方面表现在,农民提供农产品,通过工农产品价格"剪刀差"的"暗税"方式为工业发展贡献了大量农业剩余;另一方面,农民是国家建设的廉价劳动力。此外,农民还对国家建设有着土地贡献。农民在现代化进程中的主体性没有得到充分的体现,在经济、社会、政治、文化等诸多方面都缺乏足够的主导权、参与权、表达权、受益权以及消费权等。

党的十八大以后,农民在现代化进程中的主体作用逐渐得以发挥。尽管在精准扶贫过程中,强大的国家导向与政治权力的推动为贫困问题的解决提供了关键动力,但农民本身也在其中发挥了无可替代的作用。因此,农民本身被认为是推动乡村振兴的内生性因素。在推进乡村振兴的过程中,只有推动农民个体的自我发展、基层干部的主动作为、基层组织的积极引领等因素形成合力,才能共同激发乡村经济社会发展的潜能和活力。农民作为主体参与乡村振兴,首先要培养其主体意识,其次要将农民纳入乡村振兴的设计、活动实施和评价等体系当中,充分重视农民自身对于所在农村社区和地方的建设需求、发展需求等。另外,在乡村振兴过程中,农民所创造的地方传统文化和乡土文化也需要得到充分的尊重和重视,乡风文明、和谐,才能更好地促进产业和生态等其他方面的振兴。而政府、企业以及社会组织等社会力量也在国家现代化进程中发挥了重要力量,可以在产业、技术、资金、人才等方面，通过外部助力激发乡村活力。

四 乡村振兴的内容

现代化的理论认为，一个国家、地区或社会的现代化的根本内容在于产业上的工业化、组织上的科层化、政治上的世俗化以及人民的现代化等。就乡村社会而言，乡村现代化的内容也是与一个国家的现代化目标高度契合的，如乡村人口在观念上的现代化，更加相信科学而不是经验；乡村治理的基础是在中国共产党领导下的基层组织治理的现代化，而不再是家族、宗族或者宗教的乡土社会的治理方式；乡村产业的现代化不仅局限于第一产业（农业）的现代化与发展，还涵盖了第二产业和第三产业的进步与发展等。过去一个世纪，中国乡村社会的变迁属于"规划性社会变迁"，这种规划源于国家对乡村社会进行的有目的、有意识的改造，而改造的核心目标与主要途径均聚焦于国家政权建设。乡村振兴战略也不例外，其目的是要把乡村从过去被动提供劳动力、资本、原材料的状态，转变为主动地成为社会经济有机组成部分，变成一个能动的力量。2017年党的十九大首次正式提出乡村振兴战略以来，诸多中央重要文件对乡村振兴相关内容的论述都是围绕上述这些方面展开的。

2018年中央一号文件《中共中央 国务院关于实施乡村振兴战略的意见》中对乡村振兴战略的实施目标进行了近期和长期规划，即乡村振兴分三步走：至2020年，乡村振兴的制度框架和政策体系基本形成；到2035年，乡村振兴将取得决定性成果，农业农村现代化基本实现；而到2050年，乡村将实现全面振兴，达成"农业强大、农村美丽、农民富裕"的最终目标。根据党的十九大报告以及《乡村振兴战略规划（2018—2022年）》等文件内容不难看出，乡村振兴内容全面，涵盖了乡村产业的发展、生态环境的保护、村容村貌的改善、社会治理的加强，以及农民生活和生计的提升等多个方面。这些方面相互关联、相互促进，共同构成了乡村振兴战略的完整体系。

（一）产业振兴

乡村振兴中的产业振兴处于核心地位，具有极为丰富的内涵与多维度的重要意义。

从产业类型拓展来看，一方面，要巩固提升传统农业基础地位，推进农业现代化进程，运用现代科技、装备与管理理念，提高农业生产效率与农产品质量。例如，采用精准农业技术实现智能化种植与养殖，提高资源利用率。另一方面，积极培育新兴农业产业，如农村电商、农产品冷链物流等，拓展农业产业链条，增加农产品附加值。如一些地区通过电商平台将特色农产品推向全国市场，使农民收入显著提升。

在产业融合发展方面，促进农村一二三产业深度融合是关键路径。以农产品加工业为纽带，向上连接农业生产，向下延伸至销售与服务业。例如，发展乡村旅游时，将农业生产体验、农产品加工制作展示与休闲旅游相结合，游客既可以参与农事活动，又能品尝和购买特色农产品，还能享受乡村的自然风光与民俗文化，从而实现农业增效、农民增收、农村增美。

产业振兴还注重培育新型农业经营主体。家庭农场、农民合作社、农业企业等新型主体不断涌现并发展壮大，它们具备更强的市场意识、科技应用能力与经营管理水平，能够有效整合资源，带动小农户与现代农业发展有机衔接，推动农业规模化、集约化、专业化经营，在乡村产业振兴进程中发挥着引领与示范作用，为构建现代化乡村产业体系奠定坚实基础。

（二）人才振兴

乡村振兴战略中的人才振兴是关键要素，对乡村全面发展起着决定性作用。

在人才引进层面，需积极拓宽渠道以吸引多元人才流入乡村。

鼓励高校涉农专业毕业生投身乡村建设，为其提供优惠政策与良好发展平台，如给予创业补贴、住房优惠等，使其能将所学知识应用于农业科技研发、农业技术推广等领域。同时，吸引外出务工人员返乡创业就业，利用他们在城市积累的资金、技术和管理经验，带动乡村特色产业发展，如返乡人员创办乡村加工厂、农家乐等。

在人才培育方面，加强农村本土人才培养，针对农民开展农业技能培训，如新型种植养殖技术、农产品加工工艺等课程，提升农民的专业素养和生产能力，使其成为有文化、懂技术、善经营、会管理的新型职业农民。此外，还应注重培养农村电商人才、乡村旅游服务人才等，以适应乡村新兴产业发展需求。

在人才激励方面，建立完善的激励体系，对在乡村振兴中做出突出贡献的人才给予表彰与奖励，包括精神奖励如授予荣誉称号，物质奖励如奖金、项目资助等，同时在职称评定、职业晋升等方面给予倾斜，从而激发人才的积极性与创造力，确保人才引得进、留得住、干得好，为乡村振兴持续注入强大动力。

（三）文化振兴

文化传承是文化振兴的根基。深入挖掘乡村优秀传统文化，包括古老的农耕技艺、传统手工艺、民俗节庆等，如保护和传承手工刺绣、木雕、竹编等非物质文化遗产，使其在现代社会中重焕生机。通过建立乡村文化博物馆、民俗文化村等形式，将这些文化瑰宝集中展示，让后人铭记乡村的历史与文化脉络。

文化创新是文化振兴的动力源泉。在传承基础上结合现代元素进行创新，赋予乡村文化新的生命力。例如，将传统乡村音乐与现代流行音乐元素融合，创作出富有乡村特色又符合当代审美的音乐作品；将传统民俗表演改编成具有互动性和观赏性的旅游演艺项目，吸引更多游客前来体验。

文化教育与普及是文化振兴的重要手段。加强农村思想道德建设，开展社会主义核心价值观教育活动，提升农民的思想道德素质。完善农村公共文化服务体系，建设农家书屋、文化广场等文化设施，定期组织文化活动，如送电影下乡、文艺演出、文化讲座等，丰富农民的精神文化生活，培养农民的文化自信，使乡村文化在新时代绽放光彩，凝聚起乡村振兴的强大精神力量。

（四）生态振兴

在生态环境保护方面，首先要加强对农村自然资源的保护。严格管控森林资源，通过植树造林、封山育林等措施扩大森林覆盖率，维护森林生态系统的稳定性与多样性。例如，在山区推行天然林保护工程，严禁非法砍伐，为珍稀动植物提供栖息繁衍之所。同时，重视水资源的保护与合理利用，治理农村河道污染，加强污水处理设施建设，提高水资源循环利用率，确保农村饮用水安全与农业灌溉用水充足且清洁。

生态环境治理是关键环节。针对农村突出的环境污染问题，如农业面源污染、生活垃圾污染等开展专项治理行动。推广绿色农业生产方式，减少化肥、农药使用量，鼓励使用有机肥料和生物防治技术，降低农业废弃物对土壤和水体的污染。建立完善的农村垃圾收运处理体系，实行垃圾分类制度，提高垃圾资源化利用水平，改善农村人居环境。

生态产业发展是生态振兴的重要路径。积极开发乡村生态旅游、生态农业等绿色产业。依托乡村优美的自然风光、清新的空气和独特的田园生活，打造生态旅游景点，发展农家乐、民宿等旅游项目，让游客体验乡村生态之美，带动农民增收。发展生态农业，生产绿色有机农产品，既满足市场对高品质农产品的需求，又促进农业生态系统的良性循环，实现生态效益与经济效益的双赢，推动乡村生态宜居与经济繁荣协同共进。

（五）组织振兴

基层党组织建设是组织振兴的核心。强化农村基层党组织的政治功能，提升其在贯彻落实党的方针政策、领导乡村治理等方面的能力。选优配强村党组织书记，打造一支政治过硬、本领高强、作风优良的基层党组织带头人队伍。例如，通过公开选拔、定向培养等方式，选拔出一批有理想、有能力、有担当的党员担任村支书，他们能够带领村民积极投身乡村建设事业，发挥党组织的战斗堡垒作用。

村民自治组织完善是重要支撑。健全村民自治制度，规范村民委员会的选举、决策、管理、监督等环节，保障村民依法行使民主权利。鼓励村民参与村务管理，通过建立村民议事会、监事会等自治组织，让村民在乡村事务中有更多的话语权和参与度，提高村民自我管理、自我教育、自我服务的水平。如在一些村庄，村民通过议事会共同商讨村庄基础设施建设、集体资产处置等重大事项，充分体现了村民自治的活力。

各类社会组织培育是有益补充。积极培育农村专业合作社、行业协会、志愿者组织等社会组织，发挥它们在产业发展、技术服务、公益事业等方面的作用。例如，农业专业合作社能够组织农民统一生产、统一销售，提高农业生产的组织化程度和市场竞争力；志愿者组织可以开展关爱农村留守儿童、孤寡老人等公益活动，促进乡村和谐发展。通过多元组织协同合作，形成共建共治共享的乡村治理格局，为乡村振兴提供全方位的组织保障。

第二节　乡村振兴的发展策略

一　供给型城乡关系与乡村发展阶段

中华人民共和国成立初期，为了快速实现由落后的农业国向发达的工业国的转变，政府选择了重工业优先发展战略，在特定的历史时期，我们国家的发展，首先要求工业必须有迅速的发展，特别是要发展和建立中国的重工业而以工业为主导方向的国家建设，其落脚点是以城市为中心的建设，而非城乡建设。也就是说，工业建设进程的启动，就是工业城市化和城市工业化进程的启动。

在这样的背景下，集体化时期的乡村建设主要是让农业、农村、农民尽快适应国家工业化的发展需求，从而尽快完成由农业国向工业国的历史转变，也就是说这一时期的乡村建设是以农业建设为重点，以服务于工业建设和城市建设战略为根本方向，其实现途径是通过以农支农，人为地扩大了工农业产品价格的"剪刀差"，以牺牲农业的代价实现了工业初步积累的快速完成。

在此过程中，城市和工业发展处于优先地位，农村和农业发展则处于次要地位，城乡市场相互隔离，城市发展产生了虹吸效应，吸引了大量政府资源、社会资源，而农村发展则因大量资源不断外流而造成发展资源不足，滞后于城市发展。城乡关系处于一种失衡的状态。在集体化时期之后，城乡之间的关系不断发生转变，与之相伴随的是农业、农村、农民的功能也发生了变化，国家、社会、农民的关系呈现出聚合、分野、进一步分化远离的趋势。

在很长时间里，中国的农业始终是"粮食农业"，强调农业的功能在于解决主粮和饥饿问题。社会主义建设在"大跃进"、人民公社化等群众运动中渐次展开，但是由于体制机制以及自然灾害的影响，农民农业生产自主权被严重削弱，农民的农业生产积极性降低。农业生产总量不升，反而持续减产，从 1959 年到 1961 年，全国年平均粮食产量实际为 1536.5 亿公斤，比 1957 年减产 21.2%，人均占有粮食为 216.5 公斤，比 1957 年减少 85 公斤。[①] 在经验教训的基础上，1962 年第八届十中全会将"农业为基础，

---

① 姜长青：《新中国经济发展史上的第一个"八字方针"》（2024 年 9 月 30 日）［2024 年 12 月 20 日］，陕西党建网，http://www.sx-dj.gov.cn/dylt/dscq/1840591537305939970.html。

工业为主导"作为国民经济建设的总方针。乡村保障粮食安全的功能被重视。

为此，国家出台了一系列支持农业发展的政策，如 1978 年十一届三中全会后，中国粮食流通高度集中的计划管制开始逐渐松动，不仅逐步取消了粮食统购制度，而且提高了粮食购销价格。1982 年确立了家庭联产承包责任制，充分调动了农民的种粮积极性，使这一时期中国粮食产量得以大幅度增长。农业是当时农民的主要生计来源，粮食产量及价格的提高，让农民获得了较高的农业收入。同时，在"农工商建运服"发展道路背景下，国家对乡镇企业给予了大力支持。

乡镇企业的兴起保障了农民的非农收入，1978—1984 年，是中国农民收入快速增长阶段。其间农民人均纯收入由 133.57 元增加到 355.33 元，年均增长 17.7%，现金纯收入年均增长23.9%。[①] 这个阶段，国家从农业增长中获得工业化的物质基础，农民从农业增长中获得收入，而社会则从农业发展中获得廉价的食物供给。农业的发展不仅为国家工业化进程提供基础，还供养着大量的农村人口。农业的经济功能是粮食供给，解决城乡人口的饥饿问题，其社会功能是维持乡村社会稳定，其政治功能是满足"乡村供给城市"的国家建设需求。

二　城乡对立与乡村发展阶段

1984 年，中共十二届三中全会通过《关于经济体制改革的决定》，指出"农村改革的成功经验，农村经济发展对城市的要求，为以城市为重点的整个经济体制的改革提供了极为有利的条件"，再次确认以城市为重点的整个经济体制改革的步伐，发展的城市偏向再次让农村陷入被动位置，城乡差距急剧拉大。国家对农业

---

① 赵孟:《从三只鸡看解放思想》（2019 年 1 月 8 日）［2024 年 12 月 20 日］，群众网，https://www.qunzh.com/qzxlk/dzxt/2018/201806/202011/t20201104_84123.html.．

的投资减少，但是农业税费负担却不断增加。除农业税外，乡统筹、村提留的税费负担让农民生活压力持续加大。虽然国家在1985—1996 年发布了多达 25 项关于税费负担的相关规定和通知，但基层政府征收农业税的成本过高，农民税费负担依然沉重。加上 1998 年粮食流通体制改革造成农民卖粮难的问题，打击了农民的种粮积极性，农民流向城市务工、土地抛荒等现象开始出现。

与此同时，由于受到亚洲金融风暴影响，乡镇企业发展面临的市场环境和制度环境发生根本变化，许多有利于乡镇企业发展的条件不复存在，乡镇企业开始急剧衰落，就业、产值都大幅度回落。农民的非农收入亦陷入困境。工业化和城镇化发展战略的快速推进，导致农业竞争力降低，粮食安全形势日益严峻，农民收入和农村经济增长乏力，城乡区域经济差距和工农差距持续扩大。1998—2003 年，中国城乡居民收入差距从 2.47 倍扩大到3.23 倍，城乡之间的冲突越发明显。

这一时期，围绕着农民负担重、农业比较利益低、农民收入下降和农业生产积极性低等问题形成了中国转型发展中的"三农"话语，从而催生了"三农"的学术研究和舆论的极大关切。"三农"成为"问题"。农业的比较效益下降无法满足农民的生产生活需求，同时也不再是国家工业化唯一的资源供给渠道，而作为弱势群体的农民在这一阶段大规模流向城市，乡村的经济社会稳定功能不再，乡村成为国家现代化进程中的问题。

三 城乡融合发展与乡村振兴阶段

中国的乡村振兴在总体上看还是一个城乡融合发展、城乡一体化发展、城乡综合发展的战略性问题。城乡差距的不断扩大阻碍了中国的现代化进程。为此，2002 年，党的十六大报告提出"统筹城乡经济社会发展，建设现代农业，发展农村经济，增加农民收入，是全面建设小康社会的重大任务"。2007 年，党的十七大报告提出"建立以工促农、以城带乡长效机制，形成城乡经济社会发展一体化新格局"。

2012 年，党的十八大报告提出要推动城乡发展一体化，"解决好农业农村农民问题是全党工作重中之重，城乡发展一体化是解决'三农'问题的根本途径要加大统筹城乡发展力度，增强农村发展活力，逐步缩小城乡差距，促进城乡共同繁荣""形成以工促农、以城带乡、工农互惠、城乡一体的新型工农、城乡关系"。

2017 年党的十九大报告首次提出乡村振兴战略，提出"城乡融合"，要实施乡村振兴战略，"要坚持农业农村优先发展，按照产业兴旺、生态宜居、乡风文明、治理有效、生活富裕的总要求，建立健全城乡融合发展体制机制和政策体系，加快推进农业农村现代化"。

2018 年公布了《中共中央 国务院关于实施乡村振兴战略的意见》，同年 9 月，中共中央、国务院印发了《乡村振兴战略规划（2018—2022 年)》，要求各地区各部门结合实际认真贯彻落实。各部门也积极探索出台相应文件，如《财政部贯彻落实实施乡村振兴战略的意见》《农业农村部办公厅 教育部办公厅关于推介乡村振兴人才培养优质校的通知》等，对乡村振兴进行了政策补充。中央一号文件明确提出，要坚持城乡融合发展，"推动城乡要素自由流动、平等交换，推动新型工业化、信息化、城镇化、农业现代化同步发展，加快形成工农互促、城乡互补、全面融合、共同繁荣的新型工农城乡关系"。

2019 年中央一号文件提出要"优先满足三农'发展要素配置，坚决破除妨碍城乡要素自由流动、平等交换的体制机制壁垒，改变农村要素单向流出格局，推动资源要素向农村流动"，从各个方面入手对实现城乡融合给予更明确的指导。

2020、2021 年中央一号文件对脱贫攻坚与乡村振兴的有效衔接提出了明确且具体的指示。城乡融合与城乡统筹、城乡一体化本是一脉相承的。但是，城乡关系在之前的发展过程中依然遗留了诸多问题，包括户籍制度改革亟待深化，城乡二元经济结构相当尖锐，城乡要素合理流动的机制尚未建立，城乡基本公共服务差距依然较大，以及乡村衰退日益加剧等。而乡村振兴战略的提出，实际上是对乡村发展进行了重新定位，也对城乡关系的构建提出了新的要求。

2020年底，党的十九届五中全会审议通过的《中共中央关于制定国民经济和社会发展第十四个五年规划和二〇三五年远景目标的建议》，对新发展阶段优先发展农业农村，全面推进乡村振兴作出总体部署，而2021年《中共中央国务院关于全面推进乡村振兴加快农业农村现代化的意见》则对乡村振兴的具体内容进一步进行强调，"要坚持把解决好'三农'问题作为全党工作重中之重，把全面推进乡村振兴作为实现中华民族伟大复兴的一项重大任务，举全党全社会之力加快农业农村现代化，让广大农民过上更加美好的生活"。

2024年2月，中央一号文件公布提出推进乡村全面振兴"路线图"，这份文件题为《中共中央国务院关于学习运用"千村示范、万村整治"工程经验有力有效推进乡村全面振兴的意见》，全文共六个部分，包括：确保国家粮食安全、确保不发生规模性返贫、提升乡村产业发展水平、提升乡村建设水平、提升乡村治理水平、加强党对"三农"工作的全面领导。文件指出，推进中国式现代化，必须坚持不懈夯实农业基础，推进乡村全面振兴。要学习运用"千万工程"蕴含的发展理念、工作方法和推进机制，把推进乡村全面振兴作为新时代新征程"三农"工作的总抓手，坚持以人民为中心的发展思想，完整、准确、全面贯彻新发展理念，因地制宜、分类施策，循序渐进、久久为功，集中力量抓好办成一批群众可感可及的实事，不断取得实质性进展、阶段性成果。

乡村振兴战略并不是突然出现的，它既是对以往乡村建设实践的延续也是对当前农业、农村、农民问题以及国家整体发展战略的一项前所未有的重大决策部署。2021年6月1日开始实施的《中华人民共和国乡村振兴促进法》从法律层面进一步切实保障乡村振兴战略的有效贯彻实施。由此，党中央关于乡村振兴的重大决策部署，包括乡村振兴的任务、目标、要求和原则等转化为法律规范而确保其在各地"不松懈、不变调、不走样"地真正得到落实。

在这一阶段，乡村重新回到人们的视野，城乡之间的地理界限开始模糊。农业已经开始从过去功能定位单一的粮食农业拓展到健康农业、特色农业、生态农业、休闲农业等强调农业多功能性、复合型发展的模式。这种变化本质上是城乡互动加深的结果。伴随着国家对农业农村投入力度的加大，以及对农民福利保障的不断完善，农民身份也逐渐摆脱被污名化和符号化的标签，作为农民的身份不再如以前那样完全弱势。在新的历史发展阶段，乡村成为一个除了农业之外还有其他经济增长点的空间，也就是说乡村不再是作为发展资源，而是成为国家新的经济增长点。

第三节　乡村振兴的意义及重点

一　乡村振兴的意义

（一）缩小城乡差距，促进均衡发展

在现代社会发展进程中，城乡差距始终是制约整体社会协调进步的关键因素。乡村振兴战略作为一项全面而系统的发展规划，其核心目标之一便是切实有效地缩减城乡在经济、教育、医疗以及基础设施等关键领域的差距。从经济层面来看，城乡之间长期存在着显著的发展不均衡，城市凭借其集聚效应和资源优势在产业发展、商业活力等方面远超农村地区。为扭转这一局面，政府积极加大对农村的投资力度，出台一系列具有针对性的扶持政策，例如在农村地区大力推动特色农业产业园区建设，鼓励农村电商等新兴业态的发展，以此带动农村经济结构的深度转型。

教育方面，加大对农村学校的教育资源投入，包括师资队伍建设、教学设施更新等，致力于提升农村教育质量，确保农村学生能够享受到与城市学生相近的教育机会。医疗方面，完善农村医疗卫生服务体系，建设标准化乡镇卫生院和村级卫生室，提高医疗设备水平，加强乡村医生培训，使农村居民能够获得便捷、优质的医疗服务。基础设施建设方面，加大对农村道路、水电、通信等设施的投入，改善农村居民的生活条件。通过这些举措，实现城乡资源和发展机会的相对均衡分配，从根本上促进社会公平正义的达成，为构建和谐稳定的社会奠定坚实基础。

（二）推动农业现代化和农村经济发展

乡村振兴战略高度重视农业的基础性地位，并着力推动其向现代化方向迈进。传统农业往往面临生产效率低下、附加值不高、市场竞争力弱等诸多困境。为突破这些局限，积极引入现代科技成果成为关键路径。例如，利用精准农业技术，通过卫星遥感、无人机监测、大数据分析等手段，实现对农田土壤肥力、作物生长状况、气象灾害预警等的精准掌控，从而科学合理地进行农业生产决策，极大地提高农业生产效率。

创新农业生产模式也是推动农业现代化的重要举措。如发展设施农业，建设温室大棚、智能化养殖车间等，打破自然环境对农业生产的限制，实现农产品的周年供应和品质提升。同时，注重提升农业附加值，大力发展农产品加工业，对初级农产品进行深加工，延长农业产业链，增加产品的经济价值。绿色农业的兴起更是契合了当代消费者对健康、环保农产品的需求，通过采用生态种植、养殖技术，减少农药、化肥使用，生产绿色、有机农产品，提高农产品市场竞争力。

此外，促进农业与乡村其他产业的深度融合对于农村经济的多元化发展具有极为重要的意义。乡村旅游的蓬勃发展，依托农村优美的自然风光、独特的民俗文化，开发农家乐、乡村民宿、农事体验等旅游项目，吸引大量城市游客，为农民带来丰厚的旅游收入。挖掘和传承农村传统手工艺技艺，将其转化为具有市场价值的手工艺品，创造了新的就业岗位和经济增长点。绿色产业如农村新能源开发利用、生态环境保护与修复等项目的开展，不仅有助于农村生态环境的改善，还能为农村经济可持续发展注入新的活力，为农民创造更为多元和稳定的就业机会与收入来源。

（三）促进社会稳定与和谐

乡村作为社会的重要组成部分，其稳定与和谐对于整个社会的有序运行具有不可替代的基石作用。乡村振兴战略通过多维度的举措对农村社会的凝聚力和稳定性予以强化。在乡村治理层面，构建完善的治理体系，明确村民委员会、村集体经济组织等不同主体的职能与权限，促进多元主体协同参与乡村事务管理。例如，推行"四议两公开"工作法，让村民广泛参与到村庄规划、项目建设、资金使用等重大事务的决策与监督中来，增强村民的主人翁意识和自我管理能力，有效减少因信息不对称和决策不透明引发的社会矛盾。

法治建设在乡村振兴中也占据关键地位。加强农村法治宣传教育，提高农民的法治素养，使其能够自觉运用法律武器维护自身权益并规范自身行为。通过设立乡村法律顾问、巡回法庭等形式，及时化解农村常见的土地纠纷、邻里矛盾等法律问题，将矛盾纠纷化解在基层、消除在萌芽状态。同时，不断完善农村社会保障体系，扩大社会保险覆盖面，提高农村低保、特困人员救助供养等保障标准，使农村弱势群体得到有效帮扶，降低因贫困和生活无保障而引发的社会风险。

乡村振兴政策始终将解决贫困问题和不平等问题作为重点任务，通过精准扶贫精准脱贫战略，针对不同贫困原因和贫困类型制定个性化帮扶措施，使贫困地区和贫困人口实现脱贫致富，共享发展成果。这种对公平正义的追求有助于从源头上消除社会矛盾的滋生土壤，促进农村社会长期保持稳定和谐的良好态势，进而为全社会的长治久安提供坚实保障。

（四）提升农民的生活质量与幸福感

农民作为乡村振兴的主体与受益者，其生活质量的提升和幸福感的增强是衡量乡村振兴成效的核心指标之一。在基础设施改善方面，加大对农村交通设施建设的投入，修建宽敞平坦的农村公路，不仅方便了农民的出行，还促进了农村与外界的物资交流与人员往来。水利设施的完善，如修建灌溉渠道、小型水库等，保障了农业生产用水需求，提高了农业抗灾能力。电力和信息网络的普及更是让农村居民能够享受到现代生活的便利，推动农村电商、远程教育、远程医疗等新兴业态的发展。

优化公共服务对于提升农民生活质量意义重大。在教育领域，加大对农村教育资源的整合与投入，建设标准化学校，提高师资待遇以吸引优秀教师留驻农村，为农村学生提供优质教育资源，打破城乡教育资源不均衡的壁垒，使农民子女能够获得更好的教育机会，阻断贫困代际传递。医疗方面，加强农村医疗卫生机构建设，配备先进医疗设备，培养专业医疗人才，完善分级诊疗制度，让农民在家门口就能享受到高水平的医疗服务，降低因病致贫、因病返贫的风险。

推进社会保障体系建设，建立健全农村养老保险、医疗保险、失业保险等制度，为农民提供全方位的生活保障。在社会文化环境方面，开展丰富多彩的文化活动，建设文化广场、图书馆、文化馆等文化设施，传承和弘扬优秀农村传统文化，丰富农民精神文化生活，促进农民的全面发展，使农民在物质生活富足的同时，精神生活也得到极大充实，从而切实提高农民的生活满意度和幸福感，实现乡村在经济、社会、文化等多方面的全面振兴与可持续发展。

（五）文化保护与传承

乡村振兴战略下的文化保护与传承意义深远。在物质发展的同时，精神文明建设成为关键着力点。对农村传统文化的保护与传承，是对历史脉络的坚守，古村落、民俗技艺等皆为珍贵文化遗产。提升农民文化素质，可借助文化讲座、技艺培训等形式，培育其文化自觉与审美能力。农村文化创意产业的兴起，如特色手工艺品开发、民俗文化主题旅游等，为乡村注入新活力。这不仅使农民精神生活得以丰富，更能在传承优良传统基础上，以文创产品、文化活动等为载体，巧妙融合现代元素与传统文化，增强乡村文化自信与吸引力，进而提升乡村软实力，在文化层面为乡村振兴筑牢根基，彰显独特魅力与价值。

（六）推动生态文明建设与可持续发展

乡村振兴战略中，生态文明建设占据核心地位，其与生态保护的紧密关联彰显绿色发展与可持续性理念的关键意义。在生态农业领域，推广有机种植、循环农业模式，运用生物防治技术减少化学投入品使用，既保障农产品质量安全又降低面源污染，提升农业生态系统的稳定性与自我修复能力。绿色产业蓬勃发展，以乡村自然资源为依托的生态旅游、林下经济等业态兴起，实现生态与经济的良性互动。清洁能源如太阳能、生物质能在乡村的广泛应用，优化能源结构，减少碳排放。美丽乡村建设以环境整治为切入点，完善污水垃圾处理设施，美化乡村风貌，提升农民环保意识。此过程促进经济增长与环境保护协同共进，达成资源可持续利用，为乡村生态环境的长期稳定与优化奠定坚实基础，确保乡村振兴的生态根基稳固且持久。

（七）国家长远发展的战略支撑

乡村振兴作为国家整体战略布局中的关键环节，其战略意义远超农村范畴本身。经济层面，乡村振兴是构建农业强国的核心路径。通过整合农业资源、提升农业科技水平与产业化程度，能有效增强农业在国际市场的竞争力，保障国家粮食安全与农产品供应稳定，进而带动相关产业联动发展，优化国民经济结构。

社会层面，其致力于消弭城乡与区域发展失衡的鸿沟。加大农村基础设施投入、提升公共服务均等化水平、促进就业创业多元化，吸引人才回流农村，形成城乡人口合理流动与资源均衡配置的良好局面，促进社会公平正义与和谐稳定。

文化层面，乡村文化是中华民族文化根基的重要部分，乡村振兴助力传统文化传承创新，丰富民族文化内涵，增强文化自信与凝聚力，为建设社会主义现代化国家提供强大的精神动力与文化底蕴，从多方面为国家长远发展筑牢根基。

（八）中国智慧服务于全球发展

不断思考、不断创新是我们党的光荣传统，我们党在革命、建设和改革发展进程中，以中国具体实际和现实需要为基础，积极开展实践探索，在国家富强和人民幸福上取得了巨大成就，同时，还为全球进步、发展提供了有益的借鉴。中国围绕构建人类命运共同体、维护世界贸易公平规则、实施"一带一路"倡议，在推进全球经济复苏和一体化发展等诸多方面，提出了自己的主张并付诸行动，得到了国际社会的普遍赞赏。同样，多年来，在有效应对和解决农业农村农民问题上，中国创造的乡镇企业、小城镇发展、城乡统筹、精准扶贫等方面的成功范例，成为全球的样板。在现代化进程中，乡村必然会经历艰难的蜕变和重生，有效解决乡村衰落和城市贫民窟现象是世界上许多国家尤其是发展中国家面临的难题。习近平总书记在党的十九大报告中提出实施乡村振兴战略，既是对中国更好地解决"三农"问题发出号召，又是对国际社会的昭示和引领。在拥有 14 亿多人口且城乡区域差异明显的大国推进乡村振兴，实现产业兴旺、生态宜居、乡风文明、治理有效、生活富裕，实现新型工业化、城镇化、信息化与农业农村现代化同步发展，不仅是惠及中国人民尤其是惠及亿万农民的伟大创举，而且必定能为全球解决乡村问题贡献中国智慧和中国方案。

二 乡村振兴的实施重点

（一）明确村民的主体性，保证战略实施的根本目的

村民是乡村生活的主体，这里的村民是指原有村民、产业新村民和消费新村民（具有阶段性或短时性），中国大力推进乡村振兴战略的实施，根本目的在于实现乡村主体的幸福生活愿望。因此，乡村振兴的发起、研究实施，都要突出主体的参与性、能动性。

发起乡村振兴需要有内生动因提供支撑，这可以是自发的也可以是外部激发的，只有村民自身有发展的意愿、有对更加幸福生活的追求，乡村振兴才有了真正的土壤。内生动因的形成，一方面靠村民自身的需求，另一方面也靠有意识、有组织的引导和激发。乡村强则中国强，乡村美则中国美。

在制订乡村振兴方案时，必须尊重村民的主体性，要使全体村民参与方案制订的全过程，也就是说从调研、初步方案、方案论证到模拟实验等环节，实现全体村民的全程参与。不同阶段，参与人群不同，参与方式也不同，总体要做到公开、透明、动态化。尊重主体的发展意愿，尽量满足主体的发展诉求。

乡村振兴的实施，更需要村民的全力参与。乡村振兴，就是村民振兴。村民要从意识、理念、土地、房屋、精力、财力等各方面参与到集体的振兴行动中，形成统筹共建、和谐共享的格局。

乡村生活主体是乡村振兴的主要服务对象，是战略实施的核

心，但除此以外，战略实施过程中，还应该正确处理政府、第三方服务机构、外来投资运营主体的关系。在全面乡村振兴的开始阶段，政府是乡村振兴的主导力量，承担着整体谋划、顶层设计、政策支持、改革创新、分类组织、个体指导实施评估等任务。第三方服务机构，一般是政府或者村集体聘请进行乡村振兴规划设计、公共建设、产业运营的机构，承担着专业化咨询建设运营工作，是乡村振兴中的外部智囊、专业助手，也是保障乡村振兴科学、可持续进行的重要力量。同时，在乡村进行传统文化传承创新、现代产业发展构建的过程中，外来专业的投资运营力量也是振兴发展的机遇和重要推力。根据乡村的产业构建方向，进行针对性的招商引资，由投资方通过规模性投资加快产业力量形成、提升产业规范化、增加产能，由运营方通过专业化的运营管理进一步推动乡村产业专业化、杠杆化发展。

制定并实施贯彻乡村振兴战略，根本目的在于满足村民对美好生活的愿望，根本在于乡村生活主体自身的幸福。对于大部分村庄来说，尤其要关注儿童、老人、妇女等特殊人群的需求。因此，在乡村振兴的顶层设计、方案制订、系统实施过程中，教育、养老、医疗、乡村文化活动都是必须重点考虑的内容。乡村振兴，要让儿童在乡村里能够得到良好的教育，有适宜的游戏、活动空间，儿童的成长状况有人关心，有科学体验和儿童保健。乡村振兴，要让老人在乡村有适宜的休闲、群体活动场所，老人的健康检查和病理看护有良好的安顿，高龄老人有人陪伴、有人照料。乡村振兴，要让妇女在乡村得到足够的尊重，有同等的教育权、决策权、劳动权和获得报酬的权利，让妇女在乡村拥有追求幸福生活的自由空间。

在乡村生活主体中有一部分为特殊群体，乡村振兴还应该满足这一群体对幸福生活的追求，要为他们提供足够的权益保障和自由幸福生活的空间。同时，需要乡村产业得到足够的发展，通过可持续的、富有竞争力的产业构建，打造发展平台，提供就业岗位，创造创业空间，让年轻人在乡村能够安放下青春，谋得生活，温暖他们的家庭，承担他们该承担的抚养、陪伴的责任。同时，乡村的文化建设、传统的家庭伦理、村落治理追求文明的群众生活秩序，也是人们获得幸福感的重要保障。

乡村振兴应该吸引村民主动回到家乡建设，引导那些外出务工人员返乡就业、创业，引导外出求学的学子完成学业后回乡建设，反哺他们的乡村，需要政府创新乡村产业机制、政策支持、各类保证，需要村民合力创造良好的产业环境。

同时，乡村振兴的过程中也要重视、欢迎由于投资创业、消费生活等来到乡村的"新村民"。关心他们的诉求、需求，创造他们便于创业、安于生活的条件和环境，吸引他们来，把他们留住，形成乡村发展的活力群体。

（二）实行生态式发展模式，促使乡村实现有机生长

推动乡村振兴的一个关键点在于转变发展理念，应该贯彻落实有机生长的村落发展理念。通过对国内保存较为完整的古村落和城镇进行分析，会发现其选址建设过程中都关注所处的生态环境系统，对山水林田湖草生态系统具备天生敬畏。回到当下，随着人类生存并改造自然生态系统能力的增强在村落的生存发展过程中出现了自然生态系统的缺位发展。

推动生态环境与产业发展的和谐统一。产业兴旺是乡村振兴的基础，生态宜居是乡村振兴的关键，产业与生态的有机融合，是乡风文明、治理有效、生活富裕的重要支撑。推进产业生态化和生态产业化，是深化农业供给侧结构性改革、实现高质量发展、加强生态文明建设的必然选择。

构建"三生融合"的村落发展空间。"三生融合"是指乡村生产、生活、生态的有机融合，实施乡村振兴战略，应该以"三生融合"为原则进行空间规划，重新定义村庄发展格局，实现城

乡空间的有效融合。村庄生活空间要考虑村落原有居民和外来客群的舒适度，系统规划布局，让人们充分体验乡土文化的生活空间；要充分考虑村庄居民产业构建、展示和体验空间，构建区域内完整的产业发展空间；要完善生态空间，综合考虑村庄生态系统及容量，设计村庄居住人口、产业发展和游客接待等上限。

构建生态持续的生活系统。中国从古至今都崇尚"天地人合一"的生活理念，当前，乡村生活主体依然以此作为其重要的生活信仰。传统的生活系统能让人们体验与自然系统的全方位联结关系，让人们享受每天与土壤、水、风、植物、动物的互动，同时尊重自然的循环。建立契合区域生态系统的生活方式，包括构建村庄生活公约，从能源、材料、食物等多个方面实现生态可持续发展。

乡村建设中贯彻落实生态建设原则。村庄在建设过程中的材料运用、技艺运用、景观环境打造上要全面落实生态建设理念。建筑材料选择上凸显与区域环境匹配的乡土性，乡土建材包含砖、石、瓦、木材、竹材等，给人以温暖、质朴、亲近之感；乡村景观植物选择凸显区域气候特色，考虑区域气候、土壤、光照、水文等因素的影响选择地域特色植被，提高生物多样性，降低养护成本；乡村技艺环境要突出工匠精神，挖掘村庄地域传统的建筑工艺、木匠、编织、彩绘和建造等传统技艺。

（三）推动乡村振兴相关制度改革，建立健全乡村振兴动力体系

推进土地制度改革创新。土地制度改革直接影响农业农村发展，这是乡村振兴战略的一项重要内容。积极探索开展村级土地利用总体规划编制工作，结合乡镇土地利用总体规划，有效利用农村零星分散的存量建设用地，调整优化村庄用地布局加大指标倾斜力度，在下一轮规划修编时，预留部分规划建设用地指标优先用于农业设施和休闲旅游设施等建设。

推进资金政策改革创新。资金短缺是限制中国农业农村发展的主要因素之一，"钱从哪里来的问题"是乡村振兴战略实施必须解决的一个关键问题，根据中国农业农村的实际发展情况，中国政府提出要加快形成财政优先保障、金融重点倾斜、社会积极参与的多元投入格局，确保投入力度不断增强，总量不断增加。为了拓宽农业农村的资金获取渠道，政府部门应该制定相应的鼓励政策，建立健全乡村金融服务机制，只有这样，才能打破现有的乡村发展金融供给不足，尤其是农业农村经营主体获得信贷的难度较大、可能性较小的困境。同时，创建新型金融服务类型，鼓励投资金融主体多样化获取投资和可持续发展的资金，引导乡村筹建发展基金，合法合理放开搞活金融服务机制，打破乡村发展信贷瓶颈。创新农村金融服务机制，推进"两权"抵押贷款，推广绿色金融、生态金融、共生金融理念，探索内置金融、普惠金融等新型农村金融发展模式，实现金融服务对乡村产业、乡村生活全覆盖，为乡村建设提供助力。

推进人才政策改革创新。村民是乡村生活主体，是乡村振兴的核心，政府是乡村振兴的主导机构除了村民和政府外，乡村振兴的参与主体还包括第三方机构、投资主体、乡村新居民以及乡村志愿者等。新居民包括来乡村就业、创业、休闲、度假、养老等群体。第三方机构、乡村新居民、乡村志愿者是乡村振兴的"新"力量，他们带着新理念、新资源、新动力来到乡村，是乡村发展的重要变量。充足的人才储备是乡村振兴的重要前提和保障，因此必须重视人才培养。政府应出台一系列针对乡村振兴的人才政策：一是针对本土人才的政策，包括本土人才的选拔、培养、激励等，给出资金、体制、机制、税收、共建共享等方面的整套政策；二是针对外来人才的政策，应针对如何吸引、鼓励外来人才来乡村就业创业、如何留住外来人才、如何产生人才带动效应等出台系列政策。

要发挥各市场主体的作用，建立健全政府引导、市场配置、项目对接长效运转、共建共享的人才振兴工作机制。鼓励地方大力实施本土外流人才还乡的"飞燕还巢计划"，以及以乡村振兴创新创业空间和项目集群为核心的外来人才"梧桐树计划"，既源源不断地自生人才、召回人才，又能持续地吸引人才，形成多元共建、充满活力的乡村人才振兴局面。

（四）推动产业协调发展，构建村民共建共享机制

乡村振兴的一项重要内容就是实现农业农村各相关产业的协调发展，村集体经济的壮大则是实现乡村产业振兴的重要基础，也是最终实现乡村振兴的可持续保障。

壮大村集体经济是实现乡村振兴战略目标的必然选择，在此过程中需要注意以下几个方面的内容：一是打造一支具备绝对领导力的村"两委"领导集体；在村民自愿的基础上，成立村集体合作社或专项合作社；二是把村里零星分散或者闲置的土地、房屋、草场、林地、湖泊、废弃厂房等加以整理，请专业机构进行评估，实现资源变资产，并将该资产纳入村集体合作社，进行统一规划、经营、开发、利用；三是依托合作社，引入社会企业，成立股份公司，合作社代表村集体和村民以资源入股，社会企业以资金入股，共同构建实施乡村振兴发展的企业；四是拓展产业发展内容，依托乡村产业基础和文化生态资源，推进精品手工文创、农林土特产品、文化生态旅游、农副精深加工、田园养生度假、乡村健康养老等产业内容；五是坚持推动村民的共建共享，将村民纳入村集体社会经济发展的平台上，农民通过土地入股、技术入股、房屋入股和劳动力入股等方式获得相应的分红；六是建设村民创业发展公共平台，为村民自主创业提供资本、技术、设备、培训和场地等方面的支持。

（五）构建现代泛农产业体系，促进业态健康发展

传统农业产业结构已经不能适应农业现代化建设的要求，这

就要求我们必须对原有产业结构进行适当的优化升级，这也是乡村振兴的一项重要内容。坚持以市场需求为导向，找准方向，按照一二三产业融合发展的理念，提升农业农村经济发展的质量和效益。在产业类型上既要对传统农业进行提质增效，又要在市场需求的基础上，进行跨产业整合，实现农业与旅游的融合、农业与文化的融合、农业与养老的融合、农业与健康产业的融合等，延长产业链、拓宽增收链，构建现代泛农产业体系。

以乡村产业发展为中心，依托大数据，灵活运用互联网、物联网、区块链等先进科学技术，打造产业运营平台、资源整合平台、产品交易平台、品牌营销平台、人才流动合作平台、项目对接平台、乡村文创平台等，凝聚力量，促进乡村产业兴旺发达。要以特色突出、优势明显、竞争力强大为原则构建乡村现代泛农产业体系，同时，要深挖产品价值，匠心培育市场需要，且具有很强增长性的新业态。以乡村旅游为例，就可以根据资源和条件，开发乡村共享田园、共享庭院、民宿、文创工坊、亲子庄园、享老庄园、电商基地、采摘园、乡野露营等业态，需要村集体、村民创业者、外来投资者多方共建。

（六）重视农村精神文明建设，以乡村 IP 为基础实现高质量发展

乡村的精神文明建设也是乡村振兴的重要组成部分，在战略实施过程中，必须将继承保护和创新发展乡村文化作为一项重要任务。乡村文化拥有独立的价值体系和独特的社会意义、精神价值。在乡村振兴的推进过程中，首先要保护乡村的灵魂，要保护好乡村文化遗产，组织实施好乡村记忆工程，要重塑乡贤文化，要恢复传承传统民俗。

推动农业农村发展，必须有文化支撑，这就要求我们必须传承和发展乡村精神，并根据现代化要求提炼和创新这些精神文化，建设符合乡村振兴需要的时代文化堡垒。充分挖掘乡村传统

文化的底蕴、精神和价值，并赋予其时代内涵，发挥其在凝聚人心、教化育人中的作用，使之成为推动乡村振兴的精神支柱和道德引领。大力提升乡村公共文化服务水平，丰富乡村公共文化生活，让本土村民、乡村新居民能够享受到丰富的文化生活，创建新的乡村文化体系。

通过建设乡村文化 IP 传承和发展乡村精神文化是一个可以获得良好效果的途径。让文化创意产业成为乡村富民的重要产业支撑，文化创意产业可与乡村一二三产业融合发展，提升乡村产业附加值。对于乡村振兴来讲，打造爆品 IP 可以提高知名度，增强识别力，形成竞争力。在乡村振兴中要尽可能培育具备自身特色或导入具备市场影响力的 IP，以推动乡村产品的附加值、区别度、识别度、影响力和吸引力。

第四节　乡村振兴的运行机制

乡村振兴的运行机制是指在实施乡村振兴战略过程中，通过有效的组织、协调、政策保障等手段，推动各项工作落地并实现预期目标。乡村振兴涉及多个领域，因此其运行机制需要多方合作，建立系统化的框架。

一　政府引导机制

政策制定在乡村振兴战略中处于核心引领地位。政府精心构建多维度政策体系，如产业扶持政策，针对农村特色产业，不仅给予税收优惠以减轻企业负担，更通过财政补贴强化其发展韧性；同时积极引导社会资本涌入，拓宽产业资金来源渠道，促进产业多元化与现代化发展。人才引进政策则着力破除城乡人才流动壁垒，以优厚待遇、良好发展平台及生活保障吸引各类人才扎根乡村，为乡村发展注入新鲜血液与创新活力。土地政策方面，优化土地资源配置，保障农村产业用地需求，探索土地流转新模式，提高土地利用效率。

规划引领是乡村振兴的蓝图绘制环节。政府依据乡村独特的地理区位、资源禀赋及文化底蕴编制全面且细致的乡村振兴规划。在产业布局上，因地制宜规划特色农业、乡村旅游、农产品加工等产业分布，形成区域协调发展格局。基础设施建设规划致力于改善农村交通、水电、通信等条件，打破城乡物理隔阂。公共服务配置规划涵盖教育、医疗、文化等领域，力求实现城乡公共服务均等化，保障乡村居民享受优质公共资源，全方位推动乡村建设有条不紊开展。

资金投入为乡村振兴提供物质基石。政府积极履行财政职能，大幅增加乡村振兴专项财政资金，并通过发行政府债券筹集资金，发挥财政资金杠杆作用撬动社会资本参与。整合各类资金时，注重资金投向精准性与效益最大化，优先保障农村基础设施升级改造，助力农村产业升级转型，强化生态环境保护修复，以充足且高效的资金流激活乡村发展潜能，奠定乡村振兴坚实物质基础。

二　市场驱动机制

产业发展在乡村振兴进程中占据关键地位，市场需求指引着农村产业结构的调整与优化升级方向。农村地区依托自身独特的自然资源、地域文化与传统技艺，精准定位并培育特色产业。例如，山区可以依据其优良的生态环境与气候条件，发展有机茶叶、特色水果种植等产业；平原地区则可以借助广袤的耕地资源，开展规模化的优质粮食、蔬菜生产，并向深加工领域延伸。农村企业与新型农业经营主体作为产业发展的核心力量，凭借敏锐的市场洞察力收集与分析市场信息，进而科学规划生产经营活动。它们注重产品品质提升，采用先进的农业生产技术与标准化管理流程，同时积极开展品牌建设与营销推广，提高农产品的知名度与美誉度，从而增强其市场竞争力与附加值。如此一来，农村产业得以兴旺发达，农民收入也随之稳步增长，形成良性循环，为乡村振兴注入源源不断的经济活力。

要素配置是乡村振兴的重要支撑机制。市场的决定性作用促使人才、土地、资金等关键生产要素突破城乡界限，向农村汇聚。建立健全城乡统一的要素市场是打破城乡二元结构的关键举措。在人才要素方面，通过完善的激励政策与良好的发展环境吸引各类专业人才投身农村，包括农业技术专家、经营管理人才与创新创业人才等，他们为农村产业发展带来前沿知识与创新思维；土地要素上，创新土地流转制度与土地经营模式，提高土地利用效率，保障农村产业规模化、集约化发展所需土地资源；资金要素层面，引导金融机构加大对农村的信贷支持，鼓励社会资本参与农村投资，为农村产业项目提供充足的资金保障。这些要素在城乡之间自由且合理地流动配置，推动农村经济、社会等多方面全面发展。

企业参与是乡村振兴的有力助推器。积极鼓励与大力支持企业投身乡村振兴事业意义深远。企业通过投资兴业，在农村地区建设工厂、农业园区等，直接带动农村基础设施建设与产业升级；借助产业帮扶，为农民提供技术培训、农资支持与市场对接服务，提升农民的生产经营能力与抗风险能力；以就业带动为手段，吸纳农村劳动力就业，增加农民工资性收入，促进农民就地城镇化。在此过程中，企业与农民构建起紧密且稳固的利益联结机制，形成了互利共赢的良好局面。企业带来的资金为农村产业发展提供启动与扩张资本，先进技术提升了农业生产效率与农产品质量，成熟的管理经验优化了农村产业组织与运营模式，同时其广阔的销售渠道与市场网络更是为农产品打开了通往更广阔市场的大门,极大地促进了农村产业的蓬勃发展,加速乡村振兴的步伐。

三 社会参与机制

人才下乡作为乡村振兴战略的关键环节,需构建完善且具吸引力的激励机制。对于大学生而言,可设立专门的返乡创业基金,给予创业项目启动资金扶持,并在场地租赁、税收减免等方面提供优惠政策,利用其创新思维与专业知识为乡村产业注入新活力,如发展电商平台拓宽农产品销售渠道。退伍军人则凭借其纪律性与坚韧品质,在乡村治安维护、农业基础设施建设等方面发挥重要作用,可给予他们职业技能培训补贴,助力其快速适应乡村发展需求。科技人员下乡能带来先进农业技术,通过设立科研合作项目专项奖励,鼓励他们与农村企业、农户合作开展农业科技创新,提升农业生产效率。同时,开展志愿服务活动能让城市人才在乡村教育、文化传播等领域发光发热,专家咨询则为乡村规划、产业布局等提供科学指导,促进城乡人才交流互动,为乡村发展汇聚多元智慧与力量。

乡贤在乡村振兴中扮演着独特而不可或缺的角色。乡贤群体因成长于乡村,对故土怀有深厚情感与归属感,其回归能有效带动资金回流,投资于乡村特色产业、旅游项目等,激活乡村经济发展新动能。在乡村治理方面,乡贤以其丰富阅历和较高威望,可参与村民自治组织,协调化解矛盾纠纷,推动乡村治理体系现代化。传承乡村文化更是乡贤的重要使命,他们熟悉本土民俗风情、传统技艺,通过资助文化活动、修复文化古迹等方式,使乡村文化得以延续与弘扬,为乡村社会发展筑牢精神根基,促进乡村经济与文化协同发展,提升乡村整体竞争力与凝聚力。

社会组织参与乡村振兴具有显著的补充性价值。各类社会组织凭借其专业性与灵活性,深入乡村开展扶贫济困工作,精准识别贫困家庭并提供物质援助与技能培训，助力脱贫攻坚。在教育培训领域，社会组织可组织志愿者开展支教活动，补充乡村师资力量，提升农村儿童教育质量；举办农业技术培训讲座，提高农民专业素养。医疗卫生方面，组织医疗团队开展义诊、免费体检等活动，改善农村居民健康状况。文化体育方面，举办文艺演出、体育赛事等，丰富农村居民精神文化生活，提升生活品质与幸福感，有效弥补政府公共服务的覆盖不足与市场逐利性导致的服务缺失，促进乡村全面振兴。

四 农民主体机制

意愿激发在乡村振兴进程中是至关重要的起始点。尊重农民意愿体现了以人民为中心的发展理念，通过多维度的宣传教育活动，如举办乡村振兴政策解读会、发放宣传手册、利用新媒体平台传播等方式，将乡村振兴战略的内涵、目标以及对农民自身利益的长远影响进行深入阐释。同时，树立乡村振兴典型示范村、示范户，以其成功经验和显著成效直观地展示给广大农民，发挥榜样的力量，使农民深刻认识到自身在乡村振兴中的主体地位与责任担当，从而激发其内在的参与热情与动力，从被动接受转变为主动投身乡村振兴的各项事业建设，形成全员参与的良好氛围。

能力提升是乡村振兴人才战略的核心环节。系统且有针对性地开展各类培训教育活动，是培育新型职业农民的关键路径。农业技术培训聚焦于现代化种植养殖技术、农业机械化操作与农业信息化应用等，提升农民的生产技能；职业技能培训涵盖农村手工艺制作、乡村旅游服务、电商运营等领域，拓宽农民的就业渠道；经营管理培训则着眼于农业企业管理、农产品市场营销、农业合作社运营等方面，增强农民的市场意识与管理能力。通过持续且全面的培训教育体系，逐步打造出一支适应现代农业发展需求、具备多元技能与素养的新型职业农民队伍，为乡村振兴的产业发展、经济繁荣提供坚实的人才支撑与智力保障。

利益联结机制是保障农民持续参与乡村振兴的关键纽带。构建科学合理且稳定的利益联结体系，能够有效平衡农民与新型农业经营主体、企业之间的利益关系。土地流转使农民在保留土地承包权的基础上，通过出租土地获得租金收入，实现土地资源的优化配置与规模经营；入股分红模式让农民以土地经营权、资金、劳动力等要素入股农业企业或合作社，依据股份份额分享经营利润，增强农民的财产性收入；订单农业则以契约形式确定农产品的生产与销售关系，保障农民农产品的稳定销售与价格预期，降低市场风险。通过这些多元化的利益联结方式，农民能够切实享受到乡村振兴带来的红利，进而提高其参与乡村振兴的积极性与主动性，促进乡村产业融合发展与农民增收致富的协同共进。

五　考核评估机制

科学合理的乡村振兴考核评估指标体系是引领乡村发展的导向标。在产业发展维度，不仅考量农业总产值、农产品加工增值率等量化指标，还注重产业结构的优化程度，如特色产业占比，一二三产业融合发展的深度与广度。生态保护方面，设定森林覆盖率、水质达标率、土壤污染治理成效等硬性指标，同时纳入生态系统服务价值评估等综合性指标，以全面衡量乡村生态的可持续性。农村人居环境整治则围绕垃圾处理率、污水处理设施覆盖率、厕所改造完成率以及村庄绿化美化程度等具象化目标，致力于打造宜居宜业的乡村风貌。农民增收指标聚焦于农民人均可支配收入的增长幅度、收入来源的多元化程度以及低收入群体脱贫巩固率等，确保乡村振兴切实惠及广大农民群体，使乡村在各个关键领域都有清晰、可衡量的发展目标与任务框架，为精准施策提供依据。

过程监督是乡村振兴工作稳步推进的保障。信息报送制度要求各级相关部门定期向上级汇报乡村振兴项目进展、资金使用情况、政策落实效果等关键信息，形成自下而上的信息流通渠道，便于及时掌握整体工作动态。台账管理则为各项工作建立详细的档案记录，包括项目立项、实施过程中的关键节点、遇到的问题及解决措施等，做到工作有迹可循、责任明确。督促检查机制通过定期或不定期的实地考察、专项审计等方式，深入乡村一线对各项任务执行情况进行细致检查，如检查农业产业项目是否按计划推进、生态保护措施是否有效落实、人居环境整治是否达标等。一旦发现问题，能够迅速启动反馈与整改机制，及时调整策略或调配资源，确保乡村振兴工作始终沿着预定轨道高效运行，避免出现偏差与延误。

绩效评价为乡村振兴工作注入动力与压力。依据既定的考核评估指标体系，采用定量与定性相结合的评价方法，对乡村振兴工作进行全面、客观的评估。定量评价依据各项指标的实际完成数据进行打分，定性评价则综合考虑工作创新举措、社会满意度、文化传承与发展成效等难以量化的因素。评价结果与各级政府和相关部门的工作考核紧密挂钩，对于在乡村振兴工作中表现卓越、成效显著的地区和部门，给予荣誉称号、财政奖励、政策倾斜等表彰奖励，激励其持续创新与进取，同时也为其他地区树立榜样。而对于工作不力、未能达到预期目标的，则进行严肃问责，包括通报批评、责令整改、削减相关资源配置等，督促其查找问题根源，制定改进措施，奋起直追。通过这种鲜明的激励约束机制，在各级主体间形成你追我赶、力争上游的良好氛围，有力推动乡村振兴战略全面、深入、持续地取得实效，实现乡村全面高质量发展的宏伟目标。

第五节　乡村振兴面临的挑战

一　国际国内环境形势复杂

(一) 中美贸易摩擦升级, 农产品贸易受阻

近年来, 中美贸易摩擦问题、欧美等部分国家反全球化等因素导致国际政治经济环境比以往更加复杂, 对世界经济造成巨大冲击的同时, 也对中国经济持续发展造成了不稳定性和不确定性。其具体表现为国际农产品贸易受阻、中国农产品国际竞争力不足等。

为积极应对内外部环境变化、掌握发展的主动权, 要加快形成以国内大循环为主体、国内国际双循环相互促进的新发展格局, 通过需求结构升级和供给能力提升, 推动总供给与总需求, 实现更高水平更高层次的动态平衡, 即充分利用两个市场, 制定农业发展的国内国际发展战略。为应对国际国内环境变化, 在全球气候变化的形势下, 立足于粮食安全, 畅通国内大循环, 将饭碗牢牢地端在自己手中将成为政府面临的头等大事。

就农业生产而言, 随着城镇化、工业化进程的加快, 守住 18 亿亩耕地红线, 推动 "藏粮于地" "藏粮于技" 落实落地, 确保粮食播种面积稳定在 16.5 亿亩, 是确保粮食生产产量的基本面。

(二) 高质量农产品供给相对匮乏

当前, 中国特色社会主义进入新时代无论是城市还是乡村, 居民总体上消费需求都呈现出高端化、多元化和个体化趋势, 然而农产品的质量尚未能充分满足这一需求的转型。如何做到既能符合农村农民实际, 又能提高农产品质量, 满足城乡需求, 将是未来中国农业发展面临的一大问题。农业生产与农村发展不可分

割，在保障粮食安全的基础上，如何发展农村产业，提高乡村工业化、现代化水平，有序引导人才回流，为乡村振兴提供支持，丰富乡村振兴内涵仍然是需要思考的问题。如农村特色产业的打造和创新以及农村一二三产业的融合，都是在实践中不断摸索的问题。

尽管近年来各地倡导因地制宜发展多样性特色农业，倡导"一村一品""一县一业"，然而在实践过程中，仍然存在产业发展雷同、不考虑当地实际"照搬照抄"而导致的乡村产业发展夭折、浪费人力物力财力等问题。

（三）国内农业生产成本不断提升，农业基础竞争力不足

现阶段，中国正在由传统农业向现代农业转型，但与世界主要农产品出口国相比，中国单位农产品生产成本要远高于机械化水平较高的其他国家。同时，中国硬件配套设施无法匹配新型农业经营主体的快速发展，在农机设施、税收财政补贴等方面均相对落后。依然无法充分调动新型农业经营主体的积极性，在全球视野中农业基础竞争力不足。

二 城乡融合发展面临新的挑战

乡村振兴的关键是城乡融合，将乡村和城市融合，拓宽乡村产业结构，发展乡村新业态，将乡村打造成为一个综合性的就业空间。党的十七大提出形成城乡经济社会发展一体化新格局，具体从城乡规划一体化、产业发展一体化、基础设施建设一体化、公共服务一体化、就业市场一体化、社会管理一体化六个方面实现城乡融合发展。

经过多年发展，城乡在经济、社会等多方面的差距不断缩小，但目前城乡之间发展不均衡问题仍然凸显，为实现整个城乡经济社会全面、协调、可持续发展，全面实现乡村振兴带来一定挑战。

（一）人口向城镇转移趋势未变，农业转移人口市民化的压力增大

国家统计局发布数据显示：2023 年全国农民工总量 29753 万人，年末在城镇居住的进城农民工 12816 万人。伴随着城镇化的不断推进，截至 2023 年年末，中国常住人口城镇化率达到 66.16%，比上年增长 0.94%，由此带来的农村人口向城镇转移，即市民化的压力不断增大。

制度层面，虽然中国居民基本养老保险和基本医疗保险已经实现了城乡一体化，但农民工与城镇职工在福利待遇等其他社会保障制度方面仍然存在差异，同时农业人口在城镇仍然要面临教育权益、健康权益、住房保障等公共服务均等化不足问题。农业转移人口自身方面，因农业转移人口知识、信息技能等因素的制约，造成从农业生产向非农业生产转化的人力资本存量不足的困境。

这样的困境仍然体现在社会资本方面，农业转移人口仍无法与所转入城镇的市民形成交集，无论是正式网络强度或是非正式网络强度，均处于弱化状态。在城镇化进程中保护农业转移人口的基本权益，实现农业转移人口自身发展能力的提升，是进一步推进城镇化进程、实现城乡融合发展的重要抓手。

（二）农村青壮年劳动力长期大量外流，农村衰落问题凸显

乡村振兴关键在于人才振兴，农村劳动力要素外流，尤其是青壮年劳动力和优秀人才大量流向城市，使得乡村振兴和农业现代化面临人力资源结构不合理的困境。2016—2020 年，农村青壮年劳动力进城务工数量占农民工总数的比例维持高位，40 岁以下劳动力占农民工总数的比例年均达 50.20%，50 岁以下劳动力占农民工总数的比例年均达 76.18%。

青壮年劳动力向非农产业聚集，一方面不利于现代农业产业的发展，降低了农业生产效率，《中国乡村振兴综合调查研究报

告 2021》显示，农村全体人口中 60 岁及以上人口的比重达到了
20.04%，65 岁及以上人口的比重达到了 13.82%，完全达到了
"老龄化社会"的标准，并非常接近"老龄社会"标准。和全国
老龄化数据相比，农村地区的老龄化程度远超全国情况。青壮年
劳动力转移，留守在农村地区的老年人群知识、文化水平有限，
将进一步加大农业科学技术推广和农业产业化形成的难度。

另一方面，青壮年劳动力的大量外流进一步弱化了农村发展
的后劲，这不利于农村基础设施建设、文化资源开发以及农村基
础教育的发展等，加剧了乡村的进一步衰落。因此，如何吸引青
壮年劳动力回流，吸引人才进入乡村发展是实现乡村发展、城乡
融合及乡村振兴的关键考量和挑战。

（三）城乡统筹协调发展任务艰巨，制度层面仍有较大
挑战

经过社会主义新农村建设、脱贫攻坚阶段，农村地区获得了
长足的发展，尤其在居民医疗养老保障以及义务教育方面实现了
全覆盖。但城乡之间，无论是居民医疗、养老保障还是义务教育
的资源配置，仍然有差距，甚至差距有所扩大。农村地区基础薄
弱，经济发展、基础设施建设、生态环境以及乡村治理水平等方
面仍然与城镇存在较大差距。

乡村振兴需要城乡之间要素实现自由流动，把乡村从被动提
供劳动力、资本、原材料的状态，转变为社会经济有机组成部
分，变成能动的力量。现阶段，农村居民向城市流动的门槛依然
过高，城市住房、子女教育等进入门槛依然是阻碍流动的主要因
素，农村民间资金源源不断地向城市涌入，农村资金外流严重。
而土地制度依然不完善，农村土地市场的活力依然没有被完全激
活，如农村土地"三权分置"的推行缺乏完善法律体系的支撑。

目前《中华人民共和国农村土地承包法》《中华人民共和国
土地管理法》等均未涉及农村土地的所有权、承包权和经营权的

具体界定，而"三权分置"中"三权"的界定仅仅停留在地方性法规、规章及政策文件的层面。由此，在制度层面实则还有诸多因素不利于城乡统筹协调发展，实现城乡融合发展依然任重而道远。

三　农业现代化水平有待提高

产业振兴是实现乡村振兴的重要基础，发展农业产业是实现农村发展不可或缺的一环。实施乡村振兴战略，要全面提升农业现代化水平，加快构建现代农业生产体系，依托现代技术实现农业生产手段现代化、农业生产技术科学化、农业经营方式产业化、农业基础设施现代化、农业劳动者现代化等，提高农业生产集约化、专业化、组织化、社会化水平，不断促进农业产业又好又快发展。但就目前而言，实现农业现代化仍有诸多制约因素，主要体现在以下几个方面。

（一）农业生产技术、信息化技术创新能力有待提高

长期以来，中国农业仍然是以外延式的扩大再生产方式进行粗放经营，农业生产投入集中于土地和劳动力要素的投入，农业生产边际效率逐步降低。而内生增长理论认为内生的技术进步是保证经济持续增长的决定因素，因此，要推进先进科学技术应用于农业生产，推进机械化生产设备在农业生产各环节的运用，提升技术要素在农业生产中的投入，实现内涵式扩大再生产成为提升农业生产效率的重要发力点。

随着中国"互联网＋"行动计划和乡村振兴战略的推进，农村基础设施建设明显改善，截至 2020 年 11 月，工业和信息化部联合财政部组织实施了 6 批电信普遍服务试点，支持 13 万个行政村通光纤和 5 万个 4G 基站建设，其中约有 1/3 部署在贫困村，全国贫困村光纤通达率从"十三五"初期的不足 70% 提升至 98%，全国行政村通光纤和通 4G 比例双双超过 98%，农村宽带接入用

户数达到 1.39 亿户，比 2019 年年末净增 488 万户。

近年来，中国互联网城乡差距在逐步缩小。截至 2023 年 12 月，中国农村地区互联网普及率为 66.5%，较 2018 年增长了 28.1 个百分点；农村网民规模达 3.26 亿人，增速超过城镇网民。新一代信息技术在种植业、畜牧业、渔业、种业、农机装备、农垦等方面的融合程度和覆盖面均有待加强。

（二）农业产业链较为薄弱，产业融合发展水平有待提高

受益于中国电商的不断发展，"互联网＋"拓宽了农业产品的销售渠道，但销售产品依然是以未经过加工或仅经过初级加工的初级农产品为主，农业的功能性价值未被充分挖掘，农业产业链呈现短且窄的特征。

农业农村部印发的《全国乡村产业发展规划（2020—2025年)》数据显示，中国农产品加工业与农业总产值比达到 2.3：1，远低于发达国家 3.5：1 的水平。农业是三产融合发展的基础，于农业产业链发展水平，中国不同产业之间的关联性不足，融合层次较低，农业产业与第二、第三产业通过相互渗透、交叉等方式形成的新业态、新模式依然有待提高，由此衍生出的农业产业链的延长链发展受到制约。与此同时，三产融合各方主体利益联结机制尚未完善，农村三产融合的配套基础设施建设相对滞后，也是三产融合水平提升实现农业现代化的制约因素。

（三）农业污染治理水平较低，农业可持续发展受到制约

农业污染是指农业生产过程中不合理使用而流失的农药、化肥，残留在农田中的农用薄膜和处置不当的农业畜禽粪便、恶臭气体以及不科学的水产养殖等产生的水体污染物。中国农药使用量虽然逐年递减，根据国家统计局数据显示：从 2012 年的 180.61 万吨下降至 2022 年的 23.6 万吨，但使用总量规模依然较大。同时，中国化肥使用整体呈现总量大、强度高、利用率低的特征。化肥的大量使用造成地表水富营养化，对地下水产生硝酸

盐污染等农业水污染，并对生态系统的稳定性造成严重威胁。

　　另一个农业污染的主要来源则是养殖污染，病死动物无害化处理不科学、动物排泄物收集处理能力有限等因素导致畜禽养殖污染防治成为农业污染治理的挑战。为此，政府在农业污染治理方面投入了一定规模的资金。财政部数据显示：2018—2020 年，中国累计安排土壤污染防治专项资金 125 亿元；2023 年，中央财政下达土壤污染防治资金 44 亿元，以涉重金属历史遗留尾矿库治理为重点，支持开展源头防控和治理，有效防范土壤污染传输风险。

第 三 章

乡村振兴的实践

第一节 乡村振兴体系建设

乡村振兴体系建设是乡村振兴战略实施的基础和保障，涉及政府、社会、市场等多方面的协同合作。其核心目标是构建一个健全的制度体系、政策体系和执行机制，以确保乡村振兴战略的顺利推进。

一 政策体系建设

一个完善的政策体系是乡村振兴的关键支撑。政策体系要涵盖农村经济、社会、文化、生态等多个领域，确保各项措施能够协调推进。

产业政策在乡村经济多元化发展进程中发挥着极为关键的引领与扶持作用。为推动农业现代化转型，需制定一系列精准且具有针对性的政策，例如对农业科技研发给予财政补贴，以加速先进农业技术的推广应用；为农村产业升级项目提供专项奖励资金，激励企业加大技术改造与创新投入；针对农产品加工行业，出台税收减免政策，降低企业运营成本，提高农产品附加值；在乡村旅游领域，通过政府引导性投资，完善旅游基础设施建设，同时制订旅游品牌推广扶持计划，助力乡村旅游产业蓬勃兴起，打造具有地域特色与市场竞争力的乡村旅游产品体系。

人才政策旨在打破城乡人才流动壁垒，为乡村振兴注入源源不断的智力活力。通过实施税收优惠政策，对投身乡村振兴事业的高层次和技术型人才给予个人所得税减免或返还，减轻其经济负担；设立创业支持专项基金，为返乡创业人才提供启动资金、场地租赁补贴以及项目孵化服务，降低创业风险；大力开展职业培训工程，根据乡村产业发展需求，定制个性化培训课程，提升农民职业技能与综合素质，同时为参与培训的人才提供培训补贴与技能认证支持，增强其在乡村就业创业的竞争力与适应性，从而吸引更多优秀人才扎根乡村，奉献智慧与力量。

金融政策是解决乡村振兴资金瓶颈的重要保障。通过设立乡村振兴专项基金，集中财政资金与社会资本，专项用于农村基础设施建设、农业产业发展等重点领域；强化信贷支持力度，引导金融机构创新农村金融产品与服务模式，如开展农村土地经营权抵押贷款、农产品订单质押贷款等业务，拓宽农村融资渠道；积极鼓励金融创新，发展农村普惠金融，通过建立农村金融服务站、推广移动支付等手段，提高农村金融服务的便捷性与扩大覆盖面，为乡村振兴提供充足且可持续的资金支持。

环境保护政策是践行绿色发展理念，守护乡村生态本底的坚实盾牌。加强农村污染治理，制定严格的农村污水排放标准与垃圾处理规范，加大对农村环保基础设施建设的投入，推广污水集中处理与垃圾分类回收处理模式；实施资源保护政策，建立农村自然资源保护与开发利用规划体系，对耕地、林地、水资源等实行严格的保护制度，同时鼓励开展生态农业、生态旅游等绿色产业项目，通过生态补偿机制，实现生态保护与经济发展的良性互动，打造生态宜居的美丽乡村。

社会保障政策是增强农村居民获得感、幸福感与安全感的重要基石。在农村医保方面，持续加大财政投入，提高医保报销比例与报销范围，完善大病救助制度，减轻农民医疗负担；加强农村养老体系建设，推广农村养老保险制度，建立农村养老服务设施网络，鼓励社会力量参与农村养老服务供给，提高农村养老服务质量与水平；在农村教育领域，加大教育资源投入，改善农村学校办学条件，加强农村教师队伍建设，通过实施农村教育补贴政策与教师轮岗交流制度，提升农村教育质量，阻断贫困代际传递，为乡村振兴培育更多优秀人才和后备力量。

土地政策是优化农村土地资源配置，激活农村发展内生动力的关键杠杆。推动农村土地流转制度改革，建立健全土地流转市场机制，规范土地流转交易程序，保障农民土地权益，促进土地向新型农业经营主体集中，实现规模化经营；深化集体经济组织改革，完善土地使用权制度，赋予农民更加充分且有保障的土地财产权，探索农村土地股份合作制等新型经营模式，鼓励农民以土地入股参与农业产业化经营，共享土地增值收益，提高农民土地财产性收入，充分释放农村土地资源的经济潜力与发展活力。

二　组织体系建设

乡村振兴需要健全的组织体系，尤其是基层治理结构的建设。强化党组织领导作用，提升农村基层组织的治理能力和服务能力。

党组织引领在乡村振兴进程中占据着绝对主导地位。党组织凭借其强大的政治优势、组织优势以及密切联系群众的优势，精准把控乡村振兴的总体方向与战略布局。在政策推行方面，党组织能够深入解读并因地制宜地细化上级政策，确保各项政策精准对接乡村实际需求，破除政策落实的"最后一公里"障碍；于协调各方力量而言，党组织能够充分整合政府部门、村集体经济组织、社会组织以及广大村民等多元主体的资源与力量，凝聚成推动乡村振兴的强大合力。无论是产业规划的制定、基础设施建设的推进，还是文化传承与生态保护工作的开展，党组织都能高效统筹调度，保障各项任务有序实施。

基层政府职能的有效发挥是乡村治理体系建设的重要保障。基层政府作为直接服务乡村的行政主体，其服务功能的强化对于乡村发展意义非凡。一方面，基层政府应积极推动公共服务资源向农村的均衡配置与延伸覆盖，包括教育、医疗、文化等基本公共服务领域，致力于缩小城乡公共服务差距，提升农村居民的生活质量与幸福感；另一方面，通过深化行政体制改革，优化行政流程，提升行政效率，确保对乡村事务的管理与服务能够及时、精准、高效。例如，在农村基础设施建设项目审批与监管过程中，基层政府可建立一站式服务平台与动态监管机制，提高项目推进速度与质量，为乡村振兴提供坚实的行政支撑。

村集体经济组织建设是增强乡村内生发展动力与自我管理能力的关键环节。强大的村集体经济组织能够充分挖掘并整合乡村内部的土地、劳动力、资金等生产要素，依据本地资源禀赋与市场需求，自主谋划并实施特色产业项目，如发展乡村旅游、农产品加工等，实现乡村经济的多元化与可持续发展。同时，在乡村自我管理方面，村集体经济组织能够通过制定村规民约、组织村民参与集体事务决策与监督等方式，培育村民的民主意识与自治能力，促进乡村治理的民主化与规范化。

社会组织与合作社在乡村振兴中的积极参与，有力推动了乡村治理的多元化格局形成。农民合作社作为农民自愿联合的互助性经济组织，能够在农业生产经营过程中实现规模经济与技术共享，提升农民的市场竞争力与抗风险能力。社会组织则能够在教育扶贫、文化传承、生态保护、社会服务等多个领域发挥独特作用，补充政府与市场的不足。如志愿者组织开展的乡村支教活动、文化保护协会推动的民俗文化传承项目等，都为乡村振兴注入了丰富的社会资源与多元活力，促进了乡村社会全面发展与进步。

三 治理体系建设

乡村振兴的成功离不开有效的治理体系。乡村治理体系包括法治治理、民主治理和社会治理等方面。

法治乡村作为乡村振兴战略的核心支撑，意义非凡。在乡村振兴进程中，土地流转、资源开发与环境保护等工作极为关键，需完善的法治体系规范。构建全面法律法规框架，明晰各主体在相关活动中的权责，杜绝无序开发与破坏，保障乡村可持续发展。持续开展农村法治宣传教育，提升农民法律素养与意识，使其守法且能用法律维权，营造合法有序的乡村环境，助力乡村振兴稳步前行。

民主治理是乡村振兴的活力源泉。完备的村民自治制度尊重农民主体地位，保障其民主权利。村民代表大会是民主决策的关键平台，能汇聚民意、集中民智，让决策契合村民与乡村长远利益。村务公开制度增强治理透明度与公信力，公示财务收支、项目进展及政策落实情况，接受村民监督质询，推动治理规范化与公正化。农民深度参与治理，增强责任感与归属感，释放创造力与智慧，为乡村振兴注入强劲动力。

社会治理对构建和谐乡村至关重要。维护农村社会秩序与治安，需整合社会组织、志愿者与村民自治力量，形成协同共治格局。社会组织具有专业性与灵活性，在矛盾调解、法律援助等方面发挥专长，提供专业服务；志愿者为乡村治理增添人文关怀，通过文化活动、关爱弱势群体等提升乡村文明与凝聚力；村民自治作为基础核心，依托地缘与群众基础，及时化解邻里纠纷、收集治安信息，提高治理灵活性与及时性，共同塑造平安和谐的乡村新貌。

四 金融体系建设

乡村振兴离不开资金的支持，因此建立完善的金融体系尤为重要。金融体系的建设应该聚焦农村经济的融资需求，推动乡村发展所需的资金支持。

农信金融在乡村振兴进程中承担着关键角色。积极推动农村合作银行、信用社等金融机构的建设与完善，能够精准对接农民和农业企业的融资诉求。它们以贷款为主要手段，为农业生产经营提供资金支持，助力扩大规模与技术升级；保险产品则有效分担农业生产面临的自然与市场风险，增强农业抗风险能力；债券发行也为乡村重大项目建设筹集资金开辟新路径。

资本市场支持为乡村振兴注入强大动力。借助股权融资吸引战略投资者，助力乡村企业明晰产权、优化治理结构并实现快速扩张；债券市场则为乡村基础设施建设、产业升级等提供稳定且长期的资金来源，促使乡村产业向现代化与规模化加速迈进，提升乡村经济整体竞争力。

金融创新进一步激活乡村金融活力。农业保险不断创新产品类型与服务模式，为农业生产全流程保驾护航；微贷精准服务于农村小微经济体，解决其融资难题；供应链金融则将农业产业链上下游紧密串联，促进资金在产业链内的高效循环与合理配置，全方位推动农业与乡村产业的风险管理水平提升与资金流畅通无阻，为乡村振兴提供坚实金融保障。

五　科技支撑体系建设

科技是乡村振兴的重要支撑，构建科技支撑体系是乡村振兴的关键环节。要通过科技创新，推动农业现代化和乡村产业的提升。

农业科技创新是驱动现代农业发展的核心。农业科研机构、院校以及企业作为创新主体，在政府支持下全力投入农业技术研发，聚焦诸如新型育种技术、精准农业装备研发等关键领域，力促科技成果切实应用于广袤田野。在农业生产环节，智能灌溉系统依作物需水精准供水，大幅提升水资源利用效率；在种植领域，无人机植保精准施药减少农药浪费与污染；在养殖方面，智能化养殖环境调控系统保障畜禽健康生长。这些科技应用全方位提升了农业生产效率，降低资源消耗，增强农业可持续性。

"互联网＋农业"模式深度渗透，农产品电商平台打破地域限制，拓宽销售渠道，让优质农产品直抵城市餐桌；农业大数据平台实时监测市场供需与价格波动，辅助农民科学决策生产。智慧农业更是将物联网、传感器等技术融入农业生产全流程，实现从播种到收获的智能化管理，极大提高了农业生产、流通与销售的效率与效益，缩小城乡数字鸿沟，推动农业现代化转型。

绿色科技引领农业绿色发展新潮流。发展生态农业与有机农业技术，推广生物防治病虫害，减少化学农药使用；采用有机肥料与绿色防控技术，改良土壤肥力与结构，降低面源污染。通过绿色科技的全方位应用，农业生产在保障农产品质量安全的同时，最大程度减轻对生态环境的负面影响，实现农业与生态和谐共生，确保农业在可持续发展轨道上稳健前行，为乡村振兴奠定坚实生态基础。

六　教育与培训体系建设

教育与培训是乡村振兴的重要组成部分，尤其是在提升农民素质、技能培训、农村人才培养等方面具有关键作用。

农村教育提升对于乡村振兴战略的推进具有深远意义。加大对农村教育的投入力度，着重加强乡村中小学与职业学校的建设，是增强农村人力资本积累的关键之举。在乡村中小学方面，改善教学设施，优化师资队伍，能够为农村学生提供更优质的基础教育，奠定其知识素养基础，激发其学习潜能与创新思维，为未来走出乡村或投身家乡建设筑牢根基。而职业学校则可依据农村产业特色与市场需求，精准设置如农业机械化、农产品加工等专业课程，培养实用型专业人才，直接服务于农村经济发展，提升农村劳动力素质与就业竞争力。

技能培训是赋予农民适应新时代农村发展能力的重要途径。在农业技术领域，开展诸如高效种植养殖技术、农业信息化应用等培训，能助力农民提升农业生产效率与质量，实现传统农业向现代农业的转型升级；农村经济管理培训可使农民掌握市场运营、财务管理等知识，更好地经营家庭农场或参与农村集体经济组织管理；乡村旅游培训则为农民打开了新的增收窗口，使其具备旅游服务接待、民俗文化讲解等技能，促进乡村旅游产业蓬勃发展，增强农民就业与创业能力，拓宽增收渠道。

农民终身教育借助农民夜校、远程教育等多元方式，打破了时间与空间的限制，为农民提供丰富且持续的教育资源。随着现代农业与乡村经济的快速发展，新的理念、技术与模式不断涌现，农民通过终身教育可及时了解并掌握这些变化，如学习智慧农业操作技术、电商运营知识等，不断更新知识结构与技能体系，从而更好地适应并引领农村产业变革，成为乡村振兴的有力推动者与实践者，确保农村在时代浪潮中持续发展进步。

七 产业发展体系建设

产业振兴是乡村振兴的核心内容之一。要建立完整的乡村产业发展体系，推动产业结构调整，促进农业与第二、第三产业融合发展。

农业产业化是实现农业现代化的必由之路。通过积极培育农业龙头企业与农业合作社，整合分散的农业资源，形成规模化生产与集约化经营格局。龙头企业凭借其资金、技术与市场优势，引领农业生产标准制定与技术创新，带动上下游产业协同发展，延伸农业产业链。例如，农产品加工企业对初级农产品进行深加工，提升产品价值，农业合作社则组织农民统一生产、销售，保障农民稳定收益并增强市场话语权，从而有效增加农民收入。

乡村多元化产业为农村发展注入新动力。乡村旅游依托乡村自然风光与民俗文化，吸引游客前来休闲度假，带动餐饮、住宿等服务业兴起；手工艺传承与创新传统技艺，将特色手工艺品推向市场，创造独特文化价值与经济收益；绿色农业生产高品质有机农产品，满足市场对健康食品的需求。这些非农产业丰富了农村经济业态，拓宽农民就业渠道，增加收入来源，使农村经济焕发新活力。

品牌建设与市场开拓是农村产业升级的关键环节。精心打造农产品品牌，赋予产品独特地域与文化内涵，提升消费者认可度与忠诚度，进而提高产品附加值。借助电商平台、农产品展销会等渠道，拓展国内市场并迈向国际，让优质农产品走出国门，推动农村产业全面融入全球市场体系，实现市场化与国际化发展，促进农村经济持续繁荣。

八　城乡融合发展体系建设

乡村振兴需要推动城乡一体化发展，建立城乡融合发展体系，促进资源要素流动和共享。

基础设施互联互通是乡村振兴的物质根基。大力完善乡村交通设施，如修建高质量乡村公路、改善农村公交服务等，可打破乡村地理区位限制，加强城乡人员与物资交流；提升通信网络覆盖与质量，让乡村能及时接轨数字时代，畅享信息便捷；强化电力保障，满足现代农业生产与农村生活用电需求；优化医疗教育设施，引入先进医疗设备与优秀师资力量，缩小城乡公共服务差距，逐步达成公共服务均等化目标，为乡村居民创造良好生活环境，吸引人才回流与投资入驻。

资源共享机制是乡村振兴的活力源泉。构建城乡人才共享平台，鼓励城市专业人才下乡帮扶，传授先进技术与管理经验，同时为乡村人才提供进城学习培训机会；推动技术共享，城市科研成果可在乡村落地转化，乡村特色技术也能得到城市资源支持进一步发展；促进资本双向流动，城市资本助力乡村产业升级，乡村闲置资金也可参与城市优质项目；实现信息共享，城乡市场信息、政策信息等及时互通，精准引导乡村发展决策，全方位提升乡村发展质量与竞争力。

产业协同发展是乡村振兴的关键路径。城市与乡村产业各具特色与优势，通过互补协同，能实现资源优化配置与高效利用。城市工业可为农业提供先进农机装备、化肥农药等生产资料，农村则为城市供应丰富农产品与生态旅游资源；城市服务业可延伸至乡村，发展农村电商、物流配送等，乡村特色产业也能融入城市产业链，如乡村手工艺品进入城市文创市场，形成城乡产业联动发展格局，共同推动区域经济繁荣与乡村振兴目标实现。

第二节　乡村振兴规划方法与实施路径

一　乡村振兴规划方法

乡村振兴规划方法是为推动乡村振兴战略有效实施而制定的科学规划框架与技术手段。合理的规划方法能够帮助决策者、执行者和社会各界更清晰地了解乡村振兴的方向、目标及措施，从而实现资源合理配置和有效利用。

（一）系统化规划方法

乡村振兴是一个综合性的系统工程，涉及社会、经济、文化、生态、治理等多个领域，要求以系统的视角进行整体规划。系统化规划方法通过对各个子系统（如农业、产业、教育、环境、基础设施等）的全面分析，提出整体性解决方案，确保不同领域的协同发展。

1. 资源评估与现状分析

乡村振兴的第一步是进行全面的资源评估，通过深入调研和数据收集，全面分析乡村的自然资源（如土地、水源、气候）、经济资源（如农业、工业、旅游业）、社会资源（如劳动力、教育水平、医疗设施）以及文化资源（如传统文化、历史遗迹、手工艺品等）。这一过程有助于识别乡村的优势与劣势，挖掘潜在的资源优势，同时揭示当前发展中的瓶颈问题，如资金短缺、基础设施滞后、教育水平低等，为后续的发展规划提供数据支持和方向指引。

2. 目标导向

乡村振兴的目标应明确且具体，不能仅停留在宏观的概念上。总目标需根据不同乡村的实际情况分解为具体的年度目标和阶段性目标。例如，一些乡村可能需要先解决基础设施建设问题，而其他乡村则可能需要重点发展特色产业或提升农民收入。在规划中，要确保目标具有可操作性、可量化性与可持续性，使得各项工作能够通过具体的指标来评估执行进度，确保发展方向的长期性与稳定性。

3. 战略布局

根据资源评估的结果，乡村振兴应被系统化布局，分为多个重点领域如产业发展、生态保护、社会治理等，并为每个领域设计独立而又协调的实施方案。在产业发展方面，可以根据地方资源特色发展农业、乡村旅游或手工艺等；在生态保护方面，应关注环境改善、可持续发展等；而社会治理则关注乡村社会组织的建设、基层民主治理等。这些领域之间的实施方案要相辅相成，相互支持，共同推动乡村整体振兴。

（二）区域差异化规划方法

中国的乡村地域广阔，各地乡村经济、社会、文化、自然环境等差异巨大。因此，乡村振兴的规划方法必须体现区域差异化，根据不同地域的特点、资源禀赋、发展阶段等因素，制定个性化的发展策略。

1. 因地制宜制订振兴方案

充分考虑各地的自然资源、社会经济条件、历史文化传统等因素，因地制宜地制定规划策略。不同地区应根据自身的地理、气候、资源等优势，选择适宜发展的农业、工业或服务业，形成各具特色的乡村经济体系。同时，规划应注重保护和传承当地的历史文化，体现乡村特色，增强乡村吸引力。通过因地制宜的差异化规划，充分发挥各地比较优势，制定个性化的发展策略，推动乡村经济多元化、特色化发展。

2. 分类指导制定振兴目标

依据不同乡村的类型，制定具体的振兴目标和措施。按乡村的特点可划分为"农业型""生态型""文化型""旅游型"等不同类别，根据自身资源禀赋、发展现状和潜力，科学确定乡村振兴的重点和方向，从而制定具体的目标和措施。分类指导制定振兴目标能确保乡村振兴战略更具针对性和实效性，推动各地发挥比较优势，实现差异化、特色化发展，加快农业农村现代化进程。

3. 重点区域规划

对于经济欠发达的贫困地区和优先发展的重点乡村，应制定专项规划，集中资源和政策支持。这些区域可以通过重点扶持，优先发展产业、基础设施建设和社会服务，形成示范效应，带动周边乡村共同发展，缩小城乡差距，推动区域均衡发展，实现长远的可持续振兴。

（三）问题导向规划方法

问题导向的规划方法强调从实际问题出发，针对乡村振兴过程中遇到的具体困难和瓶颈问题，制订解决方案。通过找准关键问题，并采取精准的策略，确保每个问题都得到有效解决。

1. 识别关键问题

通过调研、数据分析等手段，深入了解各类乡村面临的具体问题，如基础设施落后、产业结构单一、社会治理不力、生态环境恶化等，找出当前制约乡村振兴的关键因素。

2. 优先解决问题

对于不同乡村面临的不同问题，要根据轻重缓急明确解决的优先次序，先解决最迫切、影响最大的关键问题。例如，偏远地区可能首先需要解决交通不便问题，而在经济欠发达地区，可能要优先发展产业以带动经济增长。

3. 分阶段实施

乡村振兴应根据问题的轻重缓急，分阶段实施。在短期内，优先解决基础设施滞后、贫困人口脱贫、教育医疗资源不足等迫切问题，改善民生；在中长期内，逐步推动产业转型升级、生态环境保护、乡村文化振兴等综合发展，确保乡村振兴的持续性和稳定性，最终实现全面发展。

（四）协同规划方法

乡村振兴涉及多方利益相关者的协作，涵盖政府、市场、社会组织和乡村居民等不同主体。协同规划方法强调各方资源的整合与协调，确保乡村振兴战略能够在多方合作下顺利实施。

1. 政府主导与多方协作

乡村振兴规划要充分发挥政府的引领作用，确保政策的统筹与指导，但同时要加强与市场、社会组织等多方的合作，尤其是企业和社会资本的引导与参与。

2. 资源共享与优势互补

通过跨部门、跨区域的协同合作，整合不同主体的优势资源，如通过地方政府与企业合作，推动产业链条的延伸与多元化；通过与社会组织合作，增强乡村社区建设和乡土文化传承的能力。

3. 信息共享与政策协调

推动不同层级政府和社会各界在信息共享、政策协调、执行联动等方面的合作，提高政策执行效率，避免资源浪费和政策冲突。

（五）可持续发展规划方法

乡村振兴必须坚持可持续发展原则，保障生态环境、资源持续利用和社会稳定性，避免短期内追求经济增长而牺牲长期利益。可持续发展规划方法重点关注乡村的生态建设和绿色发展。

1. 生态优先

在制定乡村振兴规划时，要优先考虑生态保护与环境友好型产业发展。尤其在农业生产和基础设施建设时，尽量避免资源过度消耗和环境污染，推动绿色农业、循环经济和清洁能源等可持续产业。

2. 资源优化配置

乡村资源有限，在规划过程中应充分挖掘和利用现有资源，避免资源浪费。同时，要加大资源的再利用与循环利用，提升资源使用效率。通过推动绿色农业、清洁能源、环保技术等措施，促进乡村经济向低碳、绿色方向发展，实现可持续发展，提升乡村生态环境质量与经济效益。

3. 社会可持续性

乡村振兴的目标不仅是经济增长，还要关注社会的长期稳定与民生改善。通过提高教育、医疗、社会保障等社会事业的可持续性，增强乡村居民的幸福感和获得感。

（六）参与式规划方法

参与式规划方法强调让乡村居民和相关方参与到振兴规划的全过程，以确保规划的可行性和接受度。通过广泛听取各方意见，整合乡村居民的智慧和力量，提高规划的实效性。

1. 广泛调研与征求意见

乡村振兴的规划需要深入了解居民和各方利益相关者的需求与期望。因此，广泛的调研与征求意见至关重要。可以通过问卷调查、座谈会、听证会等形式，广泛收集乡村居民、企业、专家及政府等各方的意见与建议。通过这种方式，不仅能够真实反映乡村振兴目标的可行性与实际需求，还能确保振兴路径更加贴合当地实际，避免脱离群众实际情况的规划，从而增强振兴措施的实际效果和群众的参与感。

2. 增强乡村自治

乡村振兴需要发挥居民的主体作用，鼓励乡村居民积极参与到决策与实施过程中。通过加强乡村自治组织建设，提升居民的参与感和责任感，帮助他们形成自我管理、自我发展的能力。这种"自我驱动"的发展模式，不仅能够激发居民的内生动力，还能够提高乡村社会的凝聚力和自我发展能力，为振兴提供坚实的基础。

3. 建立反馈机制

在乡村振兴的实施过程中，应建立有效的反馈机制，及时了解规划的执行情况。通过定期评估规划实施的效果，结合社区居民的反馈，调整和优化相关方案。这种动态调整机制能够确保振兴目标的实现，避免规划与实际脱节，确保乡村振兴能够按照预期方向稳步推进，并在过程中不断优化和提升。

（七）动态调整规划方法

乡村振兴规划必须根据经济发展、社会变化、技术进步和外部环境的变化进行动态调整。实施过程中可能遇到新的挑战和机遇，规划要具有灵活性和前瞻性。

1. 持续评估与修正

持续评估和修正是确保规划有效性的重要环节。通过定期评估乡村振兴进展情况，可以及时识别存在的问题和短板，进行必要的调整和优化。这不仅有助于发现实施中的偏差和不足，还能确保资源的合理配置和效果最大化。通过建立定期评估机制，可以根据实际情况及时调整政策，改进实施策略，使振兴进程始终保持在正确的轨道上，推动乡村经济和社会全面发展。

2. 灵活调整路径

随着社会经济的不断发展，乡村振兴的实施路径和战略目标可能需要根据新的形势进行灵活调整。例如，新的技术创新、市场需求变化或政策环境变化可能会影响原有振兴路径的可行性。因此，乡村振兴规划应具有灵活性和前瞻性，能够根据变化的环境及时优化调整。通过对新形势的有效响应，调整策略和目标，确保乡村振兴工作能够顺利进行，且始终符合经济社会发展的趋势，避免在实施过程中遭遇阻力。

二　乡村振兴的实施路径

（一）理论引导型

1. 理论引导型概述

理论引导型，顾名思义，由某个乡村振兴的科学理论引导乡村产业、乡村生产环境、乡村生活环境、乡风乡俗等朝着正确方向发展的乡村振兴发展类型。该理论可以是某个产业发展理论，可以是乡村体制管理与治理理论，亦可以是实现百姓生活富裕目标的核心理论。可以是某个理论，也可以是某个理论体系。

2. 发展措施

选取科学的发展理论。想要通过"理论引导型"发展的乡村，首先就要选取科学的、具有前瞻性的、确确实实能够指导乡村振兴发展实践的理论，能够应用到乡村产业发展、百姓生活富裕、乡风文明建设等多方面的理论。理论引导型的乡村振兴，在实践过程中并不局限在某一方面，而是要求实施主体具有开阔的思路模式，把理论应用到乡村发展的方方面面，而且既然是科学的理论，就具备应用到方方面面的潜力。

将理论贯穿在发展的多个方面，做出典型。把理论生动地实践在乡村的产业发展、基础设施建设、乡风治理、管理体制建立、乡村景观吸引物塑造等方方面面。不断拓展理论转化通道，持续推进乡村休闲旅游提档升级。

（二）区位依托型

1. 区位依托型概述

"区位"一方面指该事物自身所处的位置，另一方面指该事物因自己所处空间位置而与其他事物之间产生的空间联系。区位依托型的乡村主要指那些处于有利区位的乡村，例如长三角、珠三角的乡村以及中西部其他发达城市群周边的乡村或者大中型发达城市的城郊乡村。这类乡村利用良好的区位为其提供的交通、市场、产业、基础设施等方面的便利条件，促进乡村发展振兴。农业、农产品加工业、轻工业等产业发展优势明显，产业可向做精做强发展，可以利用现代物流、电子商务等多种营销方式扩大影响。

区位对乡村的影响主要表现在市场需求、交通距离、产业带动、政府管理效率、政策资金倾斜、农业生产技术、劳动力等方面。

在市场需求上，无论乡村是生产初级农产品、农产品深加工产品还是乡村旅游产品等，周边发达的城市消费群体市场都可以消化。在物流交通距离方面，园艺业、乳畜业产品容易变质，要求有方便的交通运输条件，同时发达地区成熟的二产、三产发展基础，也能为乡村产业的兴旺提供较为齐备的生产资料、资本投入、技术信息等。在客源交通距离方面，周边城市的短途休闲旅游市场，也可以为乡村旅游的发展带来客源群体，为城乡的进一步深度融合提供条件。同时，发达地区的政府整体管理效率相对较高，管理理念也会相对先进。这些都为乡村振兴带来先决的有利条件。龙头企业的引入，更利于促使农民转化为职业农民，促进农业增效，农民增收，农民可以一边领取土地流转金一边拿着职业农民打工的薪水。

2. 区位优势

对于具有区位优势的乡村，在开拓发展路径的过程中，应首先确定自己的区位是属于区域型区位优势，还是城郊型区位优势。为了便于理解，可将其总结为大区位优势（区域型区位优势）和小区位优势（城郊型区位优势）。

首先是区域型区位优势。若乡村处于长三角、珠三角等东部经济发达地区，可首先在产业发展路径上进一步拓宽思路，依托乡村现有的产业发展资源类型，以市场为导向，引导支持专业的技术和管理理念的介入，通过有针对性的招商引资、龙头企业的扶持以及农民专业合作社的规模化建设，将发达区域的产业发展优势充分引入乡村。

其次是城郊型区位优势。对于具有小区位优势的乡村，应首先确定好自己的核心依托城市或城市群，找准市场需求，从农产品和乡村旅游产品服务上着手，做周边城市的"菜篮子"，做周边城市的"后花园"。这种乡村往往土地利用率高，要充分发挥土地的价值。利用良好的公共服务配套设施和区位优势，增加农产品的附加值，实施特色优势农产品出口提升行动，提高农产品国际竞争力。同时开放精品果园、精品农场，供市区游客游览采摘。

（三）特色现代农业型

1. 特色现代农业型概述

现代农业的概念，涵盖了高效农业、精品农业、品牌农业、绿色农业、有机农业、科技农业、生态循环农业等近年我们大力提倡发展的农业发展类型，这些类型的内涵各有侧重，又互有交叉，这里我们统称之为特色现代农业。

现代农业不再局限于传统的种植业、养殖业等农业部门，而是包括了生产资料工业、食品加工业等第二产业和交通运输、技术和信息服务等第三产业的内容，原有的第一产业扩大到第二产业和第三产业。现代农业成为一个与发展农业相关、为发展农业服务的产业群体。这个围绕着农业生产而形成的庞大的产业群，在市场机制的作用下，与农业生产形成稳定的相互依赖相互促进的利益共同体。

新技术的应用，使现代农业的增长方式由单纯地依靠资源的外延开发，转移到主要依靠提高资源利用率和持续发展能力的方向上来。现代农业正在向观赏、休闲、美化等方向扩延，假日农业、休闲农业、观光农业、旅游农业等新型农业形态也迅速发展成为与产品生产农业并驾齐驱的重要产业。传统农业的主要功能是农产品的供给，而现代农业的主要功能除了农产品供给以外，还具有生活休闲、生态保护、旅游度假、文明传承、教育等功能，满足人们的精神需求，成为人们的精神家园。

已经具备一定农业产业发展特色的乡村，可以选取现代农业新型发展路径，进一步扶持龙头企业，加大龙头企业在乡村发展中的影响力度，从土地流转、农技推广、农民雇用、乡村资源共享、村民市场化服务管理等方面对乡村的发展做出贡献。激发龙头企业在产品品牌塑造、产品类型多元化销售渠道拓宽等方面更多地发挥积极性和带动能力。

2. 发展特色农业措施

首先，有效推动特色农业发展。抓优势产业规模化，如培育水果、畜禽、蔬菜、茶叶、水产、花卉苗木、林竹、食用菌、中草药等优势产业，发挥自然资源优势，突出特色，坚持质量兴农、绿色兴农，进一步调整品种结构，优化产业布局，培育龙头企业，创建一批现代农业产业园，加快推进农业由增产导向转向提质导向，加快构建现代农业产业体系、生产体系、经营体系。同时，抓品牌农业建设。组织实施种业创新工程，积极推进农业标准化生产，提升"三品一标"农产品，扩大全国知名品牌的影响力。加强农业新技术、新品种、新机具和经营管理方式的推广应用，促进特色农业质量和效益双提升。

此外，坚持从田间到餐桌全链条严监管、全过程可追溯，抓农产品质量安全，把食品安全监管工作落实到"一企一业""一品一单"，确保老百姓"舌尖上的安全"。

其次，促进小农户与现代农业经营体系对接。围绕小农户融入现代农业发展，突出"两手抓"：一手抓有效带动，一手抓有效服务。有效带动，就是通过"一村一品""一县一业"引导小农户从分散生产转向有组织有规模生产，促进农民增收。用工业化模式组织小农户生产经营。大力实施新型农业经营主体培育工程，完善政策支持体系，发展多样化联合与合作，把千家万户组织起来搞经营、闯市场，共享规模经营效益。

围绕小农户需求，培育各类专业化市场化服务组织，强化对小农生产的多元化专业化服务保障。加快构建生产组织、设施配套、产品营销三个体系，解决农户生产问题；加快推行多元担保资源盘活、保险扩面三个模式，解决农户资金问题；强化农业科技、农业信息和农业生产三项服务，解决小农户生产经营保障问题，把小农生产引入现代农业发展轨道。

再次，加强产业融合思维。党的十九大提出要建立健全城乡融合发展体制机制和政策体系，促进农村一二三产业融合发展。

城乡融合，构建新型工农城乡关系，实现城镇与乡村相得益彰。充分发挥政府和市场两方面作用，积极引导更多资金、人才、技术等要素向农村流动，为乡村振兴注入新动能。安排财政专项资金建立奖励制度，大幅增加农村人才薪酬收入，促进农村人才多起来、活起来。

产业融合，以高质量发展为中心，以农业供给侧结构性改革为主线，以延伸产业链、拓展农业多种功能为重点，推动农产品加工业优化升级，推进农产品流通现代化，开发农业旅游、康养等多种功能，推进"互联网＋"现代农业培育，发展新产业新业态，促进农业全环节升级、全链条升值，不断提高农业创新力、竞争力和全要素生产率。

最后，以有效的服务组织为保障。实施乡村振兴战略，关键要有一支懂农业、爱农村、爱农民的"三农"工作队伍，不断为"三农"工作注入强大活力。一是深入实施科技特派员制度。选派大量的科技特派员活跃在农业农村第一线，鼓励科技人员以技术、资金、信息入股等形式，与农民和专业合作社、企业结成经济利益共同体。二是深入实施下派村支书制度。选派优秀党员干部担任驻村第一书记，实现经济发展和党建基础"双薄弱"村全覆盖，为乡村振兴提供有力保障。

（四）乡村旅游型

休闲农业和乡村旅游是目前普适性最高的一种乡村振兴产业业态，具有连接城乡要素资源、融合农村一二三产业的天然属性，可以在促进乡村产业兴旺、增加居民就业、改善生活环境、保护乡村传统文化等多方面起到事半功倍的效果。有巨大的市场空间，具备条件的地区应该稳步推进。

1. 乡村旅游的内涵

乡村旅游的概念包含了两个方面：一是发生在乡村地区，二是以具有乡村性的自然和人文客体为旅游吸引物的旅游活动，二者缺一不可。现代乡村旅游是在 20 世纪 80 年代出现在农村区域的一种新型的旅游模式，尤其是在 20 世纪 90 年代以后发展迅速。现代乡村旅游对农村经济的贡献不仅仅表现在给当地增加了财政收入，还表现在给当地创造了就业机会，同时还给当地衰弱的传统经济注入了新的活力。乡村旅游的主要资源包括：自然景观田园风光和农业资源。

乡村旅游有以下特点：一是以独具特色的乡村民俗文化为灵

魂，以此提高乡村旅游的品位丰富性；二是以农民为经营主体，充分体现"住农家屋、吃农家饭、干农家活、享农家乐"的民俗特色；三是乡村旅游的目标市场应主要定位为城市居民，满足都市人享受田园风光、回归自然的愿望。

国内乡村旅游大致包括以下几类：以绿色景观和田园风光为主题的观光型乡村旅游；以农庄或农场旅游为主，包括休闲农庄、观光果园茶园、花园、休闲渔场、农业教育园、农业科普示范园等，以体现休闲、娱乐和增长见识为主题的乡村旅游；以乡村民俗、民族风情以及传统文化、民族文化和乡土文化为主题的乡村旅游；以康体疗养和健身娱乐为主题的康乐型乡村旅游。

2. 乡村旅游的发展措施

各方面多角度的提质升级措施。乡村旅游从 20 世纪 80 年代发展至今，现在面临的核心问题就是乡村旅游产品业态的转型升级，从基础硬件设施上升级，从产品、产品质量上升级，升级手段包括硬件设施的建设、管理模式的提升，信息技术的同步以及多元化服务产品的升级换代等。

以拓展农业多种功能的思路发展乡村旅游。以农耕文化为魂、以田园风光为韵、以村落民宅为形、以生态农业为基依托村庄优势农业项目，拓展农业观光、休闲、度假和体验等功能，开发"农业＋旅游"产品组合，带动餐饮、住宿、购物、娱乐等产业延伸发展，促使农业向第二、第三产业延伸，产生强大的旅游产业经济协同效益，促进当地群众增收，实现脱贫致富。

强化乡村的独特性挖掘与创新。加强乡村生态环境和文化遗存保护，发展具有历史记忆、地域特点民族风情的特色村镇，建设"一村一品""一村一景""一村一韵"的魅力村庄和宜游宜养的森林景区，依据自然资源，有规划地开发休闲农庄、特色民宿、自驾露营、户外运动等乡村休闲度假产品。

打造市场导向、品牌战略。乡村旅游产品与其他旅游产品一样，是针对相应的市场需求而设计产生的，乡村旅游产品是否符合旅游者的需求是决定其开发是否成功的重要因素之一。乡村旅游开发要以市场为导向，进行充分的市场调查和分析，将市场需求和客观条件相结合，开发出各具特色、不同档次，适销对路的乡村旅游产品。以市场为导向，首先必须树立市场意识，分析旅游者的旅游动机，开发出满足旅游者需求的乡村旅游产品。其次，必须树立品牌意识，以品牌促进乡村旅游的发展。各地应根据自身的生态、文化、建筑、民俗等条件，创建并打响自身的特色化乡村旅游品牌。也可以根据市场情况创建、树立区域性品牌，以品牌促营销，以营销促发展。最后，为了能根据市场需求进行产品开发、提升与改进，乡村地区应定期对消费者和乡村旅游经营商进行调查。

整体开发与择优开发相结合。乡村旅游资源既具有形式多样、丰富多彩的特点，又是区域旅游资源的一个组成部分。要把乡村旅游资源的开发利用纳入区域旅游开发的系统工程中去，从区域旅游的角度出发，进行统筹安排、全面规划，从而形成统一的区域旅游路线，促进区域经济的发展。

（五）IP 实践型

1. IP 实践型概述

常规定义下的 IP 是知识产权，"知识所属权"引申为"专属符号"。IP 可以是具象的，也可能是抽象的，是一个事物与其他事物区别开来的关键元素。在这里我们把"乡村 IP"理解为乡村一种特色的自然生态资源、农业景观资源、农业作物资源、乡村风貌建筑等具象的实体，或者乡村的一个故事、一种感觉、一类民俗、一项文化等抽象的概念。它赋予一个乡村独特的特点，是乡村生命力的源泉。所以只要具备内容衍生、知名度和话题的品牌、产品乃至个人，都可以看作一个 IP。

并不是每个乡村都能得到大自然和历史人文的馈赠，然而我们依然可以通过后期的人文再造，依据自身特色打造属于乡村的IP文化属性，通过自创或植入的方法引出乡村IP，再通过IP创意策划、IP品牌设计、IP品牌传播、IP衍生开发等一系列手段打造出乡村的独有IP，并把这个IP连同乡村一起营销推广出去，让人们想到这个村就同时想到这个IP，从而寻求符合乡村自身发展的产业支柱，这是乡村在同质化产品竞争中得以取胜的法宝，是乡村振兴路径选择中一种紧随时代需求的创新路径。

2. 乡村 IP 的类型

农业特色类 IP。依托乡村本身的特色，如农产品、地域田园景观风貌、生态环境特色、乡村主要植物、动物等农业资源，把它们的原型加进巧思做成独特的标识，或标新立异，或靠硕大的体型吸引眼球，或 Q 版萌化，进行一系列的吸引人眼球的创意设计改造等。再围绕这个核心产业设计一系列的农产品、文创商品、体验活动等，经过一二三产业的融合，提升农产品的附加值。这类 IP 的核心特色在于具有明显优势的农业产业的发展。

文创植入型 IP。这类 IP 可能是目前大家想起 IP 的时候，应用最为广泛的一种，也是传统定义中最易于识别的 IP 类型，例如文学作品、电视节目、卡通动漫等，该类 IP 原型可以是依托乡村某类特色资源而创意生长出的 IP。也可以是通过"拿来主义"嫁接过来的 IP，使用拿来主义 IP 时要注意版权的问题，如果整个乡村使用某一知名 IP 主题化，需要和版权所有方申请使用许可，通常需要支付一定版权费。这类 IP 区别于农业特色类 IP 的特点在于不一定是依托于乡村的农业产业特色进行的 IP 创意。例如日本熊本县的"熊本熊"。它的形象想必大家都见过，各种各样的表情包已经让它火遍全球，有无数粉丝喜爱它。熊本熊是日本熊本县的官方代言人，是日本九州新干线全线通车后，用以推广熊本县旅游而设计的吉祥物。在熊本熊诞生之前，熊本县只是一个经济相对落后的农业小县城，在日本并不知名。而在熊本熊横空出世后的短短几年，全日本都知道了熊本县，熊本县旅游人数增长了近25%，带来很高的直接和衍生经济效益。

熊本熊的成功虽有独到之处，但其火爆验证了萌物"IP"所具有的现实吸引力。我们的乡村也可以因地制宜，造出属于自己的"熊本熊"，但绝不能只是简单的模仿，如何生动地营销使IP活化，从而产生强大的传播效应，才是我们值得学习和借鉴的。

和专业的文化公司合作举办IP展、VR互动体验等，优点是省心省力，可以一段时间变换一个主题，让游客常游常新，保持新鲜感。类似于城市的购物中心，它们的主要消费群体是亲子家庭和年轻人，而时下亲子家庭和年轻人也是乡村旅游市场的主力军。但合作型IP在与乡村旅游结合的过程中，IP文化类型的选择就相对需要慎重，需要根据乡村所在的市场区位，自然、人文特色进行选择。IP本身要符合乡村的"气质"，IP背后的客户群要与乡村定位相吻合。

故事文化类IP。一段乡村世代相传的民间故事，一种乡村广为人知的乡愁情怀，一个乡贤报效家乡的创业故事，等等，都可以成为乡村IP的创意原型。其核心价值在于扩大提升乡村的影响力，因着情感共鸣吸引投资商、吸引游客，这类IP在产品转化上较为多样，可开发的产业类型也较为广泛，旅游、文创、研学教育都可以涉及。

3. 乡村IP的发展措施

找准IP及IP生长的优质基因。首先从消费者的视角，一个创新IP的诞生应是大众耳熟能详的，是亲民的，以简单易懂的形式符号组成文化矩阵；其次搭建与消费者产生心理认同的桥梁，用好的IP故事创建品牌与潜在顾客之间的链接，并不断强化智力与情感诉求。

为打造IP化主题特色乡村，需要充分挖掘本土文化IP，构建匹配特色乡村发展的产业链。从前期策划到后期运营都需要执行者围绕特色乡村的本土特征，围绕特色乡村的 IP 主题全方位搭建项目，来实现原创 IP 文化价值转化为经济性的效益收入。IP 化主题乡村首先需要创新特色乡村的 IP 故事文化来引导受众的认知；其次导入特色乡村的互动体验活动，形成深层次的受众感官体验；最后以新媒体助力特色乡村的营销推广。

以旅游为杠杆的多产业联动发展。目前 IP 经营最为典型或成功的实践案例一般都来自旅游产业业态的形式，一个成功的乡村 IP 实质是为了告别传统的单一旅游产业思维。推动以旅游为杠杆的多产业联动发展，将 IP 的优势与乡村的资源互为联动，放大价值，提高旅游的跨产业驱动力是 IP 实践模式的最终目的。一个健全的特色乡村发展创新模式应始于准确的 IP 定位，在乡村的发展中，要培养 IP 主题产业的可持续发展力，来适应时代及消费者的创新性需求。

加强乡村 IP 营销思维。在鼓足发展自身内核生命力的同时，应注重走出去的市场敏锐力，加强小镇的营销思维。在维持小镇自身特色的前提下，需要提高市场的知名度及消费者的认知。将特色乡村的营销手段体系化，以专业的营销步骤，构建特色乡村 IP 化的品牌识别度，并以多渠道的平台营销推动特色乡村 IP 价值提升。高端的互联网营销思路有助于整合、加快小镇本土文化的优质资源推广，稳抓时代机遇，洞察消费者的需求，以网络平台为引擎，在白热化的特色乡村竞争中形成特色乡村系统性的品牌推广及 IP 打造的营销策略。

第三节　乡村振兴基础设施建设与产业发展

乡村振兴的核心目标之一是通过基础设施建设与产业发展推动乡村经济、社会、文化和生态的全面振兴。在实施乡村振兴战略的过程中，基础设施建设和产业发展是相互依存的两大支柱。基础设施的完善为产业发展提供了必要的物质保障，而产业发展则促进基础设施建设的持续完善，形成良性互动。

一　乡村振兴的基础设施建设

（一）交通基础设施建设

交通是乡村振兴的"命脉"，乡村交通基础设施的建设不仅改善了农民的生活条件，还为乡村经济的可持续发展提供了基础保障。交通网络的完善能够促进城乡物资流通、劳动力流动和信息传递，提高农村的经济效率。

1. 完善公路和铁路建设

乡村振兴的公路和铁路建设是推动乡村全面振兴的重要支撑。在公路建设方面，中国一直把"四好农村路"建设作为统筹城乡发展、改善民生福祉、支撑乡村全面振兴和促进共同富裕的重要抓手。通过新建、改建农村公路，不断织密农村公路网络，提高农村公路的等级和质量，使得农村地区的交通条件得到显著改善。这些公路不仅方便了农民的出行，还促进了农产品的外销和乡村旅游的发展，为农村地区带来了更多的经济收益。例如，内蒙古 2024 年已实施 5500 公里农村公路项目，完成目标 110%，并计划 2025 年开工建设农村公路 4000 公里以上。同时，各地还积极推动农村公路的养护和管理，确保农村公路的安全、畅通和长效使用。

在铁路建设方面，中国也加大了对乡村地区的投入。通过建设高速铁路和普通铁路，将城市与乡村紧密连接起来，打破了地域限制，促进了文化、物资和信息的流动。铁路不仅缩短了城乡之间的距离，还为乡村旅游资源的开发打开了大门。铁路部门还通过创新"铁路＋旅游"的发展模式，将铁路的便捷性同乡村旅游有效结合起来，推动了沿线乡村的经济发展。此外，铁路部门还开通了公益性"慢火车",为偏远地区的农民提供了便捷的出行方式,也带动了当地农产品的外销和乡村旅游的发展。建设和完善通村道路、乡村公路与高速公路网,提升乡村的交通便利性。特别是在偏远乡村,通过建设乡村道路和农村物流体系,帮助农产品进入城市市场。

通过提升城市与乡村之间的交通基础设施,改善道路、公共交通和物流体系,使乡村成为城市经济辐射的有效延伸。这不仅促进城乡资源、信息和人口的流动,还能推动乡村产业发展,提高乡村的生产力和生活水平,缩小城乡差距,促进区域均衡发展。

2. 发展乡村电商物流体系

乡村振兴中发展乡村电商物流体系是至关重要的一环。这一体系的发展不仅关系到农民的生产生活,更是促进乡村产业发展和经济繁荣的关键。首先,乡村电商物流体系的发展能够推动农产品的上行。通过电商平台,农产品可以更方便地销售到全国甚至全球市场,从而增加农民的收入。同时,物流体系的完善也确保了农产品的新鲜度和质量,提升了农产品的市场竞争力。其次,乡村电商物流体系的发展有助于工业品下行。农民可以通过电商平台更便捷地购买到所需的工业品和生活用品,提高了生活品质,这也促进了城乡之间的交流和互动,推动了城乡一体化发展。

为了发展乡村电商物流体系,需要采取一系列措施。例如,加强基础设施建设,包括交通网络、物流仓储设施等,以提高物流效率和质量。推动物流资源的整合和优化,实现共同配送和资源共享,降低物流成本。加强信息化建设,应用物联网、大数据等技术,实现物流信息的实时采集、共享和跟踪。同时,培养和引进电商物流人才,提高从业人员的业务水平和服务意识。

(二)信息化基础设施建设

乡村振兴的一个重要方面是推动数字乡村建设,使乡村与现代信息社会接轨。信息化建设不仅能带动乡村经济发展,还能提升乡村的社会管理、公共服务和文化水平。

1. 互联网普及

乡村振兴中加强网络普及是关键一环。它意味着为乡村地区提供高速、稳定的互联网连接,让农民能够便捷地获取市场信息、学习农业科技、享受在线教育和医疗服务。网络普及不仅能拓宽农产品销售渠道,促进农村电商发展,还能提升乡村治理效能,加强村民自治。同时,它丰富了农民的精神文化生活,缩小了城乡数字鸿沟。因此,加强网络普及是推动乡村全面振兴、实现信息化与智能化技术在农业生产、物流、教育、医疗等领域的应用,提高乡村经济的现代化水平,促进乡村产业的数字化转型,增强乡村发展的动力与竞争力。

2. 数字农业

数字农业作为信息技术与农业的结合,为乡村振兴提供了新的机遇。数字农业运用信息技术、物联网、大数据等数字化手段,实现农业生产全程数字化、智能化、精细化。它通过精准施肥、智能灌溉等技术提高农业生产效率,优化资源配置,保障粮食安全,同时减少环境污染,促进农业可持续发展。数字农业还推动农产品电商、智能物流等新兴产业发展,拓宽农产品销售渠道,增加农民收入。此外,数字农业平台提供数据采集、分析和决策支持服务,助力乡村治理现代化。因此,发展数字农业是实现乡村振兴、农业农村现代化的有力支撑。通过发展数字农业,可以促进农业生产方式的转变和农村经济的转型升级,实现乡村振兴的目标。

3. 智慧乡村

智慧乡村建设是借助现代信息技术对农业生产、农村生活及乡村治理等方面进行的深度融合与智能化改造。它运用物联网、大数据、云计算等技术,实现农业生产的精准管理,提高生产效率与产品质量。例如，利用智能水利系统优化水资源管理，提高农业灌溉效率。在生活层面，智慧乡村通过电子商务平台，便捷农产品销售，并引入远程医疗、在线教育等服务，缩小城乡差距。同时，智慧乡村建设还推动了乡村治理的现代化，运用数字政务平台，实现信息透明共享，提升治理效能。智慧乡村建设不仅提升了乡村的现代化水平，更为乡村的全面振兴与可持续发展注入了新活力，是实现农业农村现代化的关键路径，推动乡村向数字化、智能化方向迈进。

（三）能源与水利设施建设

完善乡村的能源与水利设施，不仅是提高农民生活水平的基础，更是产业发展的重要支撑。

1. 能源设施

加强乡村振兴中的能源建设，关键在于构建清洁、低碳、高效的新型农村能源体系。这包括推广太阳能、风能等可再生能源，提升农村电网设施，推动分布式光伏发电和微电网建设。通过技术创新和智能化管理，提高能源利用效率，满足农村生产生活需求。同时，加强能源项目与农业生产、乡村旅游等融合，促进农村经济多元化发展。完善能源建设不仅提升了乡村能源保障能力，更为乡村振兴提供了绿色动力。

2. 水利设施

完善乡村振兴中的水利设施建设，是确保农业稳产高产、农村供水安全和防洪抗旱能力的重要基础。这包括加强农田水利灌溉设施建设，推广节水灌溉技术，提高水资源利用效率；完善农村供水网络，推进城乡供水一体化，保障农村群众饮水安全；同时，加强防洪体系建设，提升水旱灾害防御能力。通过这些措施，夯实乡村振兴的水利基础，为农业农村现代化提供坚实支撑。

二 乡村振兴的产业发展

(一) 构建强大农业体系

农业竞争力或农业体系的强弱可以从国际和国内两个方面来衡量。在开放经济体中,农业的国际竞争力是指一国在国际市场上出售其农产品的能力,即保持农产品的贸易顺差或贸易平衡的能力;农业的国内竞争力是指农业作为第一产业,在与第二产业、第三产业竞争时保持自身地位的能力,这种能力可以通过不同产业部门的劳动生产率来反映。如果一国或地区的农业在国际、国内处于较为有利的地位,就可以说该国或地区的农业有竞争优势,相应的农业体系也比较强大。

众所周知,无论是从国际上看,还是和国内的第二、第三产业相比较,中国农业的竞争力都偏弱。农产品尤其是粮食国际竞争力弱,导致大量国外农产品涌入中国,出现了"洋粮入市、国粮入库"的尴尬局面。早在几年前,由于国际市场的冲击,大豆已经全面沦陷。不仅如此,猪肉、牛肉等农产品生产,中国也因缺乏竞争优势而不得不大量进口。农业竞争力弱的另外一个表现是经营成本高、收益低:近年来,农业生产成本快速走高,严重损害了农业生产稳定性和农业经营效益。当然,农业经营收益低,尤其是种植经济作物的农民获得的收益低,也和经营规模小、组织化程度低、流通环节多和产后损耗大有关系。

为了扭转农业发展相对滞后的局面,党的十九大报告把"构建现代农业产业体系、生产体系、经营体系"作为实现乡村振兴战略的一个重要方面和主要措施。实现乡村振兴,提高农民的农业经营收入,增强农业在国际上和国内不同部门间的竞争力,离不开强有力的农业体系。这要求以现代农业产业体系、生产体系建设来提升农业生产力水平和生产效率,以经营体系建设,来创新农业资源组织方式和经营模式。

构建强大农业体系，需要在协调推进现代农业产业体系、生产体系、经营体系建设的同时，进一步完善农业支持保护制度，大力培育专业大户、家庭农场、农民合作社、农业企业等新型农业经营主体，积极发展多种形式的适度规模经营，逐步健全农业社会化服务体系，加快实现小农户和现代农业的有机衔接。

现代农业产业体系是衡量现代农业整体素质和竞争力的主要标志，现代农业产业体系，就是要以市场需求为导向，充分发挥各区域的资源比较优势以粮经饲统筹、农牧渔结合、种养加一体为手段，通过对农业结构的优化调整，提高农业资源在空间和时间上的配置效率。

现代农业生产体系是先进科学技术与生产过程的有机结合，是衡量现代农业生产力发展水平的主要标志。主要是通过实施良种化、延长产业链、储藏包装，流通和销售等环节的有机结合，提升产业的价值链，发展高层次农产品，壮大农业新产业和新业态，提高农业质量效益和整体竞争力。构建现代农业生产体系，就是要转变农业要素投入方式，用现代装备武装农业，用现代科学技术服务农业，用现代生产方式改造农业，提高农业良种化、机械化、科技化、信息化、标准化水平。

现代农业经营体系是新型农业经营主体、新型职业农民与农业社会化服务体系的有机组合，是衡量现代农业组织化、社会化、市场化程度的重要标志。目前来看，现代农业经营体系主要涉及专业大户、家庭农场（牧场）、农民合作社、农业企业等，是其在政府支持保护政策下，与小农户一起搭建的立体型、复合式经营体系。构建现代农业经营体系要着力解决好一些重要问题，如引导小农户和现代农业有机衔接、培育新型职业农民、坚持适度规模经营、建立农户社会化服务体系等。

农业是弱势产业，农民是弱势群体，对农业农村进行补贴是世界上通行的做法。因此，现代农业体系的组成，除了农业产业体系、生产体系和经营体系"三大体系"外，还有支持保护体系、支撑服务体系等。前者包括农业基础设施建设、农业经营财政支持等；后者则包括金融服务、信息服务、智力支撑等。

（二）延展农业产业链

产业兴旺是乡村振兴的物质基础。乡村振兴的落脚点是农民生活富裕，而生活富裕的关键是农业增效、农民增收。农民增收离不开农业增效，离不开产业发展。只有产业兴旺，农民才能富裕，乡村才能真正振兴。正因如此，党的十九大报告中将"产业兴旺"作为乡村振兴五个总要求的第一个。

从长期来看，农业的进步主要靠生产力水平的提高。但生产关系的调整也会释放农业发展的潜能，从而为下一次生产力的提升做好准备，这从中国家庭联产承包责任制的实行，释放了绝大部分的经济发展潜能，并支撑了后续的城市和工业改革中可见一斑。

以农业科技反映的农业生产力水平，是一个长期积累的从量变到质变的过程，短时间内难以取得重大突破，对产业兴旺和乡村振兴主要是潜移默化的长期影响。因此，从生产关系上着手，调整农业的经营模式，拓展其功能，是一个可行的方向。

农业是一个具有很强特性的产业，要想快速发展，形成兴旺局面，主要有三种方式：一是在单位产值不变的情况下，扩大单个主体的经营规模，从而提高经营收益；二是在不扩大经营规模的情况下通过改种经济价值更高的作物甚至改变耕地用途，或者创新农产品销售渠道，提高单位经营面积的市场价值，荷兰农业是这种模式的代表；三是既不扩大经营规模，又不改种作物类型，主要通过充分挖掘和借助农业的多功能性，促进农业产业链条延长以及向第二、第三产业尤其是文化旅游产业等方面拓展，中国大陆大城市周边的生态采摘观光和中国台湾地区的民宿主要是这种模式。

现在土地流转市场是买方市场——有众多的想出租土地的农户，但是愿意租地开展规模经营的农户较少，要么就是给的租金太低，相当多的农户不愿意长期从事农业。这意味着，想通过扩大单个主体的经营规模来发展农业、提高农民的收入，目前看来已经陷入困境。

此外，农业供给侧结构性改革，虽然为推动农业发展提供了政策契机，但由于农产品品种毕竟有限，而且很多农产品只能在某些地区种植，再加上全国耕地可以用来种植经济作物的只能是很少一部分，因此想通过种植结构调整或者改变土地用途来提高单位经营面积的市场价值，以覆盖更大范围、更多作物，可能只能在个别地区、少数品种之间实现。

由于扩大规模受阻、调整结构受限，那么可以延长农业产业链也就是农业产品产业链，是指农产品从原料、加工、生产到销售等各个环节的关联。延长农业产业链，是把原本农业从侧重农产品生产，一方面向上游的原料供应、科技服务等拓展，另一方面向农产品加工、销售等环节迈进。随着市场化意识的提高，有不少村庄或农民合作社积极延长农业产业链。

为了充分发挥农村资源资产的特殊优势，实现农村产业兴旺，除延长农业产业链外，不少地方还基于农业的多功能性，借鉴产业融合、产业集聚的思路，多种方式拓展农业产业链。

当然，延长农业产业链和拓展农业产业链，是相互融合而不是相互分割的。不少乡村一边积极延长农业产业链，一边大力发展和农业相关的其他产业，通过多样化、跨领域经营实现产业兴旺和农民增收。

（三）实现小农户与现代农业发展有机衔接

"实现小农户和现代农业发展有机衔接"是党的十九大提出的重大战略部署。贯彻落实党中央的要求，加快小农户和现代农业发展对接，需要对中国小农户的特点有清晰的认识。

当前，中国小农户有两方面的突出特点。一方面是农户数量多且经营规模小。普通农户之所以被称为小农户，根本原因是其经营很小规模的土地。另一方面是农户兼业程度高且分层分化明显。由于土地规模小，加上农业经营效益低，在20世纪末城乡壁垒打破后，农户兼业成为常态。对大部分小农户来讲，农业收入不再重要，农业也不再是其"安身立命之所在"。从小农户的现状出发，一些地方围绕农业转型升级——创新小农户和现代农业发展的衔接机制，把传统小农生产引入了现代农业发展的轨道。

1. 基于收益共享、风险共担原则，加快小农户的横向联合

发展现代农业一般需要较大规模的土地、资金，而这些要素现阶段主要由小农户分散承包经营或占有。对此，一些试验区在推进农村集体产权制度改革、培育新型农业经营主体时，按照收益共享、风险共担的原则，引导小农户们联合起来，组成股份经济合作社或专业合作社，形成紧密的利益共同体。

一是引导小农户以土地、资金入股，组建股份经济合作社。二是支持小农户真正联合、紧密协作，成立农民专业合作社。三是实行经营收益二次分红，强化小农户与其他各方的利益联结。不少农村改革试验区都把培育农民专业合作社、促进其规范化运行作为加强小农户利益联结、推动现代农业发展的重要举措。虽然农民专业合作社与外围成员（被带动农户）的利益联结比较松散，但是一些农业经营收入占家庭总收入比重较大的种植、养殖农户，通过向合作社出资、参与合作社管理等方式，与其他核心成员已然形成了紧密的协作关系。

2. 基于风险—收益相匹配原则，促进经营主体与小农户纵向合作

在推进农村改革过程中，为调动各种资源要素的积极性、降低生产的监督管理成本，各试验区基于市场经济中风险和收益相

匹配的原则，积极创新农业生产经营的组织形式，形成了超额奖励、统种分管、农业共营等制度安排，有效加强了小农户和其他经营主体的利益联结。

一是通过"超额奖励制"，构建对劳动、资本均有效的激励机制，调动劳动和资本两个方面的积极性。二是通过"统种分管制"，发挥农户的劳动力优势和农业企业的加工销售优势，各得其所、美美与共。三是通过"农业共营制"，把抱团经营带来的增量收益，在小农户、专业大户、农业企业等主体之间合理分配。

3. 基于互惠互利，推动各类服务主体与小农户紧密协作

为加快现代农业发展，让技术、资金、市场信息等更有效地流向农业农村，农村改革试验区注重发挥各类组织的中介桥梁作用，积极引导各种经营性或公益性服务主体创新"为农服务"方式，改善小农业与农业社会化服务主体之间的利益关联，形成现代农业发展的合力。

一是推动组织模式创新，强化营利性服务主体与小农户的利益联结。二是借助农民专业合作社、土地股份合作社等农民合作组织，加强公益性服务主体对小农户的支持。

第 四 章

农村数字普惠金融发展的理论阐释

第一节 发展背景和理论支撑

一 农村数字普惠金融发展的背景

（一）农村经济发展需求

1. 农村经济结构转型的需求

农业现代化与产业升级。随着乡村振兴战略的推进，农村经济正在经历从传统农业向现代农业和多元化产业的转型。现代农业生产需要大量的资金支持，尤其是在土地流转、农机购置、农业设施建设、农产品加工等方面。传统金融服务无法满足农民和农村企业的多样化资金需求，而数字金融能够通过低成本、高效率的方式提供便捷的融资渠道。

农民创业与小微企业的金融需求。随着农村创业热潮的兴起，农民不再局限于传统农业生产，而是积极投身农村小微企业、农产品加工、乡村旅游等多种新兴产业。这些产业的快速发展需要多样化的金融产品来支持，包括创业贷款、投资理财、保险等。数字普惠金融通过简化审批流程和优化金融产品，能有效满足农村小微企业的资金需求。

2. 农村金融服务不平衡

传统金融体系难以覆盖到所有农村地区，特别是在偏远和贫困地区，金融服务的可获得性较低。银行等传统金融机构普遍将农村视为高风险、高成本的区域，因此对农村的贷款审批较为严格，且贷款利率较高，农民和农业企业常面临"融资难"和"融资贵"的问题。此外，农村地区的金融产品和服务也相对单一，难以满足农民多样化的金融需求。许多农民因缺乏合适的金融产品和服务，而难以通过金融手段来发展生产、改善生活。数字普惠金融利用互联网和移动支付等技术手段，突破了地理和时间限制，大大降低了金融服务的成本，提升了农村地区的金融服务可得性。

（二）信息技术的快速发展

1. 信息技术普及与数字化转型

近年来，随着互联网在农村的普及速度大幅提高，智能手机的使用率不断攀升，大数据技术和人工智能在金融领域的应用逐渐成熟，尤其是金融科技的兴起，为农村数字普惠金融的创新提供了技术支持。通过大数据和 AI 技术，金融机构能够对农民和农村小微企业的信用进行精准评估，提高贷款的可获得性，降低贷款风险。

2. 支付技术与平台发展

移动支付技术（如支付宝、微信支付等）的普及，推动了农村居民支付习惯的转变，越来越多的农民开始使用移动支付进行日常交易。通过这些支付平台，农民可以方便地进行农产品的在线交易、购买日常生活用品，甚至进行保险和理财产品的购买。这为数字普惠金融的深入发展提供了良好的市场基础。

（三）传统金融体系不完善

1. 金融服务覆盖不足

在很多农村地区，尤其是偏远乡村，传统的银行网点稀缺，金融服务的可及性差。农村金融机构数量有限，且服务内容单一，农民无法便捷地获得个人贷款、消费信贷等服务。而数字普惠金融通过互联网和移动终端设备，可以直接将金融服务"送"到农民手中，缩短了服务半径，打破了传统金融机构的地域限制。

2. 信用体系不完善

在农村地区，信用信息的缺失是影响金融服务普及的一个重要因素。传统金融机构通常需要大量的信用评估和担保，而很多农村居民并未建立信用记录，且担保资产匮乏，导致他们难以获得贷款。数字普惠金融通过创新的信用评估模型，利用大数据、社交网络信息等非传统信用信息，能够更有效地评估农民和农村小微企业的信用风险，降低贷款门槛。

3. 高风险与高成本问题

由于农村地区的信用评估、资产抵押、市场信息等方面的缺失，传统金融机构认为农村金融风险较高，成本较大。因此，很多金融机构选择放弃对农村的贷款业务。而数字金融借助先进的技术手段，如区块链、人工智能等，可以提高信贷效率，减少中间环节，降低运营成本，从而使金融服务更加亲民、便捷。

（四）政策支持与战略推动

1. 政府政策支持

普惠金融政策。为了推动农村地区金融服务的普及，国家和地方政府出台了一系列政策，鼓励金融机构通过创新金融产品和服务，增强对农村的金融支持。例如，央行和银保监会已发布多项支持普惠金融和农村金融创新的政策，鼓励金融机构加大对农村金融服务的投入。政府的政策支持为农村数字普惠金融的发展提供了制度保障和市场激励。

数字乡村战略。近年来，中国出台了多项推动"数字乡村"建设的政策，重点推进农村信息基础设施建设，提高农民的数字素养，促进农业与互联网融合，支持农村数字经济发展。这些政策为农村数字普惠金融的发展奠定了坚实的基础。

2. 乡村振兴战略

乡村振兴战略不仅涉及农业生产、产业发展，还包括农村的社会、文化、金融等多方面的提升。在金融领域，乡村振兴战略大力支持金融服务创新，特别是推动数字金融技术的应用，帮助解决农村金融服务覆盖不足、资金流动受限等问题。通过数字普惠金融，乡村振兴战略的实施能够更好地促进农村经济增长、提高农民收入、改善民生，从而实现乡村全面振兴。

（五）社会环境与需求

1. 农民对金融服务的需求增长

随着农村经济的不断发展，农民的金融需求日益增加。不仅是生产贷款、农机购置贷款等传统金融服务的需求，还包括消费贷款、健康保险、养老保险、教育储蓄等多元化的金融需求。农村居民对于便捷、低成本的金融服务有强烈的需求，而数字金融恰好能够满足这一需求。

2. 金融科技发展助力社会普惠性提升

在社会发展的大背景下，金融科技的创新正在推动金融服务的普惠性。金融科技的发展让更多的群体能够获得金融服务，特别是在农村和贫困地区，数字普惠金融的推广帮助解决了传统金融机构未能覆盖的市场需求，促进了农村社会的公平和包容性。

二　农村数字普惠金融发展的理论支撑

（一）农村数字普惠金融的理论基础

1. 普惠金融理论

普惠金融是指为所有社会成员提供公平、可获得的金融服务，特别是低收入群体、贫困地区及边远地区的居民。普惠金融理论主要强调金融服务的普及性、公平性和可及性，尤其是解决传统金融体系无法覆盖的贫困群体和农村居民的金融需求。

在农村地区，普惠金融理论得到了充分体现。通过数字技术，农村地区的金融服务能够跨越地理与信息壁垒，向偏远地区的农民和小微企业提供银行账户、储蓄、贷款、支付、保险等金融服务。数字化手段能有效降低服务成本，提高服务效率，从而推动普惠金融在农村的实现。

2. 信息不对称理论

信息不对称理论指出，市场中不同参与者所掌握的信息量不同，导致资源配置效率低下。在传统金融体系中，银行或金融机构往往难以获取农村居民、农民和农村小微企业的详细信用信息，造成金融资源的错配与贷款难题。

数字普惠金融的发展则通过数据采集和分析技术（如大数据、人工智能、区块链等），有效减少信息不对称，尤其是对农村居民的信用评估更加透明和精确。通过使用数字化手段（如信用评分模型、数据传感器等），能够更好地了解借款者的偿还能力和还款意愿，从而降低农村地区的贷款风险，提供更广泛的金融服务。

3. 小额贷款理论

小额贷款理论强调向低收入群体和小微企业提供小额、低利息贷款，这对于缓解贫困、促进经济增长具有重要作用。数字普惠金融通过创新金融产品（如数字小额贷款、微型保险等），可以为农村居民和小微企业提供较低门槛的贷款服务，改善他们的融资条件，帮助其提升生产力和生活水平。

此外，数字化平台可以通过与传统银行合作，推出数字化的信贷产品，以灵活、低成本的方式满足农村居民和农业生产者的资金需求。

4. 交易成本理论

交易成本理论认为，市场交易中存在一定的成本，交易成本的高低直接影响市场效率。传统金融服务在农村的高交易成本，如地理距离、时间成本、信息成本等，阻碍了金融服务的普及和发展。

通过数字普惠金融，能够大幅度降低这些交易成本。例如，电子支付平台、移动银行、网上贷款等数字化手段能够减少物理距离带来的交易成本，使得金融服务可以快速便捷地传递到农村地区，大大提高金融服务的覆盖率和效能。

5. 金融创新理论

金融创新理论认为，金融创新是促进金融服务普及和提高金融效率的重要途径。随着信息技术的发展，数字普惠金融的出现代表了金融服务的一次重大创新。通过创新的支付系统、移动支付、数字货币、数字化信贷平台等，数字普惠金融在降低运营成本、提高服务效率、满足农村需求等方面展现出了巨大的潜力。

金融创新理论支撑了数字普惠金融在农村地区的快速发展。通过创新技术，能够打破传统金融体系的局限，形成全新的农村金融服务模式，如互联网银行、P2P借贷、数字资产管理等。

（二）农村数字普惠金融发展的理论支撑

1. 经济发展与金融包容性

经济学理论认为，金融包容性是经济发展的重要因素。通过提高金融服务的可及性和普惠性，能够促进资金的流动与资源的合理配置，推动贫困地区和低收入群体的经济发展。数字普惠金融不仅能帮助农村地区获得更多的金融资源，还能激发农村经济增长潜力，促进社会财富的公平分配。

2. 风险分散理论

风险分散理论认为，分散风险是金融服务的核心。数字普惠金融通过创新的信贷产品、保险产品等，帮助农村居民和农民分散生产过程中可能遇到的风险（如自然灾害、市场波动等）。通过移动互联网和数字技术的支持，金融机构能够为农村居民提供更灵活、多样化的保险和风险管理服务，提高农村家庭的抗风险能力。

3. 信息经济学理论

信息经济学理论强调信息在市场交易中的重要作用。数字普惠金融依靠先进的信息技术，降低了信息获取的门槛，使得农村居民能够更容易获得金融服务。金融机构也通过大数据分析，能够精准了解农村居民和小微企业的需求，提供更加个性化和定制化的金融服务。

第二节　数字金融与普惠金融的耦合性

一　服务普及性与可得性

普惠金融以消除金融服务"盲区"为核心使命，其聚焦于贫困人口、低收入家庭以及农村地区等在传统金融格局下被边缘化的群体，力求构建公平的金融服务享有环境。传统银行服务模式因对实体网点的高度依赖，以及基础设施建设不均衡等因素掣肘，在拓展上述群体金融服务覆盖范围时遭遇瓶颈，难以达成全面覆盖的预期。

数字金融展现出独特的优势。借助信息技术的强大力量，数字金融成功逾越了空间与时间的双重藩篱。互联网金融平台、移动支付应用以及数字银行服务等创新形式，能够跨越地理界限，将金融服务即时送达偏远地区，打破信息壁垒，使贫困群体与小微企业得以突破传统局限，以较低成本获取金融资源，极大地提升了金融服务的可及性与可得性。

数字金融与普惠金融之间呈现高度的耦合性。数字金融凭借其技术先进性，精准化解了普惠金融推进过程中面临的地理阻隔与信息不对称难题，有力推动金融服务的广泛普及。它不仅拓宽了金融服务的受众边界，让更多弱势群体能够踏入金融服务领域，而且在更深层次上促进了金融资源的均衡分配，为普惠金融战略目标的达成提供了坚实且高效的实现路径，对推动金融公平与社会经济协调发展具有极为深远的意义。

二　降低成本与提升效率

在金融服务体系中，传统金融机构在运营模式上存在固有局限。其运营成本结构中，偏远农村与贫困地区分支机构的运营成本居高不下，主要源于实体网点建设、人员配备以及日常维护等多方面的高额开销。对于低价值、高风险客户群体，如农村地区的小农户、小微企业以及低收入家庭等，传统金融机构为其提供服务时，所获取的收益难以弥补运营成本，致使此类服务从经济角度考量缺乏可行性，进而导致这些群体在金融服务获取上存在明显障碍。

而数字金融的出现为突破这一困境带来了转机。数字金融充分运用自动化流程，减少人工干预环节，提升业务处理速度；借助远程服务，打破地域限制，拓宽服务覆盖范围；依靠智能化风控，精准评估风险，降低风险损失。在具体业务操作层面，信贷审批的线上化利用大数据分析与算法模型，快速准确判断客户信用状况，极大缩短审批时间；支付清算与资金转移的自动化则依托先进的网络技术与支付系统，确保资金流转高效安全。

从耦合性来看，数字金融通过降低交易与运营成本，为普惠金融的可持续发展创造了有利条件。对于普惠金融服务提供方而言，在成本有效控制的前提下，能够将小额信贷、保险和存款等基础金融服务延伸至更多低收入群体与偏远地区。这不仅扩大了金融服务的受众群体，缩小了城乡金融服务差距，还促进了金融资源在不同阶层与区域间的合理配置，增强了普惠金融业务在经济与社会效益层面的可持续性，推动普惠金融体系朝着更加完善与均衡的方向发展。

三　增强金融包容性与促进经济发展

普惠金融所蕴含的核心价值对于推动经济的包容性发展具有不可替代的关键意义。其着眼于贫困地区、边远地区以及低收入群体，致力于打破金融服务的壁垒，使这些群体能够获取必要的金融服务资源，从而有效激发其经济活动的内生动力，促进经济增长，并在社会福利层面实现显著提升。通过为社会底层群体提供诸如小额信贷、基础储蓄等基础金融支持，助力其逐步融入现代经济体系的运行轨道，在宏观层面逐步缩减贫富差距，构建更为公平、均衡的社会经济结构。

数字金融凭借其在金融产品与服务手段方面的创新性突破，极大地拓展了金融包容性的边界。在支付领域，移动支付的广泛普及使得交易变得更加便捷高效，哪怕是身处偏远地区的小商贩也能轻松完成资金收付；借贷领域的创新产品，如基于大数据风控的小额网络贷款，为低收入群体开辟了新的融资渠道；投资领域的智能投顾服务降低了投资门槛，让普通民众有机会参与资本市场；保险领域的互联网保险产品则为弱势群体提供了更多风险保障的选择。

二者之间的耦合性深刻地体现在，数字金融以其独特的优势增强了信息流通的速度与广度，打破了信息不对称的桎梏，同时极大地便利了资金的流动，从而为普惠金融的深入实施提供了强有力的支撑。它使得社会各阶层，尤其是经济基础薄弱的群体，能够突破传统金融的局限，获得更为丰富多样的融资机会，进而有效改善其经济状况，最终汇聚成推动整个社会与经济全面、协调、可持续发展的强大动力，为构建普惠性社会奠定坚实的金融基石。

四　风险管理与信用评估

在传统金融架构下，普惠金融的推进面临着诸多阻碍，其中风险管理与信用评估环节的困境尤为突出。于农村、贫困地区以及缺乏银行信用历史的群体而言，由于信用记录的缺失与担保物的匮乏，银行难以对其信用状况进行精准判断，从而面临着较高的违约风险。这种不确定性导致银行在开展普惠金融业务时往往谨小慎微，使得这些急需金融支持的群体难以获得相应服务。

数字金融的兴起化解了这一难题。大数据技术能够广泛收集并深度挖掘用户在互联网上留下的各类行为数据，如消费习惯、网络浏览偏好等；人工智能则可运用机器学习算法对海量数据进行分析处理，识别出其中与信用风险相关的潜在模式；区块链技术通过其不可篡改的特性确保数据的真实性与完整性，为信用评估提供可靠的数据基础。这些技术相互协同，能够从多个维度对用户进行综合信用评估，构建起更为科学、精准的信用评分体系。

数字金融与普惠金融之间呈现出高度的关联性。借助创新的风控手段以及精准的信用评估模型，数字金融显著降低了普惠金融在低收入群体与农村地区推广过程中的风险水平。金融机构得以增强信心，更为大胆地向这些群体推广普惠金融产品，如小额贷款、农业保险等，从而有效扩大了普惠金融服务的覆盖范围，使更多弱势群体能够享受到金融服务带来的发展机遇，促进社会经济的均衡发展与公平性提升。

五　个性化与定制化金融产品

普惠金融聚焦于贫困群体与小微企业，力求凭借低门槛、低利率且具灵活性的金融产品来回应其多元诉求。然而，传统金融体系受限于自身运营模式与成本考量，多倾向于提供标准化金融产品，难以契合这类群体复杂多变的需求特性。贫困群体可能因资金用途的特殊性、收入来源的不稳定性，小微企业因经营规模、行业特点、资金周转周期各异等因素，在标准化产品框架下无法得到精准适配的金融支持，进而制约了其发展潜力的释放与脱贫致富进程的推进。与之截然不同，数字金融展现出了其显著优势。依托大数据分析、人工智能以及云计算等前沿技术，数字金融能够深度剖析个人在消费、社交、网络浏览等多维度的行为习惯数据，结合信用状况评估等综合信息，精准洞察不同群体的差异化金融需求特征，进而为其量身定制个性化金融产品与服务方案。以农民群体为例，数字普惠金融平台可基于对其农业生产周期、农产品销售渠道与价格波动等信息的分析，定制小额信贷产品的额度、还款期限与利率结构，同时搭配适配的农业保险产品，有效防控农业生产经营风险。

这种数字金融与普惠金融之间的耦合性清晰地体现在，数字金融借助其灵活多元的技术手段与定制化服务能力，使普惠金融产品得以精准对接农村地区、低收入群体以及小微企业等特定对象的金融需求痛点，切实提升金融服务的有效性与适配性，从而为普惠金融的深入、可持续发展注入强劲动力，有力推动金融资源在不同社会阶层与经济主体间的均衡配置，促进社会经济整体的和谐稳定与协同发展。

六　金融科技创新与社会责任

普惠金融所蕴含的强烈社会责任感，使其超越了单纯经济发展工具的范畴，成为构建社会公平、促进财富均衡分配的关键力量。在传统金融格局下，由于诸多限制，弱势群体往往难以充分享有金融服务，而普惠金融旨在打破这种藩篱，为贫困地区、低收入群体等提供平等获取金融资源的机会，助力其改善经济状况，缩小贫富差距，从而在社会结构层面促进公平性与稳定性的提升。

数字金融的蓬勃兴起与持续演进，不仅为金融科技领域注入了创新活力，更深刻地重塑了金融服务的社会价值导向。金融科技企业在追求经济效益的同时，愈加重视社会责任的担当。借助数字技术的强大力量，它们积极投身于推动贫困地区与低收入群体的金融包容性提升事业之中。例如，通过开发专门针对弱势群体的便捷金融应用程序，降低金融服务门槛，提高服务可及性；运用大数据分析精准定位需求，提供个性化金融解决方案，从而有效改善这些群体的社会福利水平。

数字金融与普惠金融之间的耦合性在社会责任履行维度得到了充分彰显。数字金融凭借其先进的科技创新成果，精准攻克普惠金融在践行社会责任过程中遭遇的技术难题，如信用评估困难、服务成本高昂等。它促进了社会各阶层在经济活动中的深度融合，使得不同收入群体、不同地域的人们能够更公平地参与金融市场，共享金融发展成果，进而推动社会公平的广泛实现以及社会福利的全面提升，为构建和谐、包容的社会经济生态系统奠定坚实基础。

七　数字金融与普惠金融耦合性面临的挑战

尽管数字金融与普惠金融之间有很高的耦合性，但在实际推广过程中仍面临一些挑战。

（一）数字鸿沟问题

在偏远贫困的农村地区，信息基础设施建设的滞后状况严重制约了数字金融服务的有效延伸。有限的网络覆盖范围、缓慢的网络传输速度以及高昂的网络接入成本，致使智能手机与互联网的普及率处于较低水平。这不仅使得当地居民难以充分利用数字金融平台所提供的便捷服务，如线上支付、网络借贷等，而且进一步加剧了城乡之间以及不同区域之间在金融服务获取能力上的差距，形成了金融服务可及性方面的数字断层。

（二）信息安全与隐私保护

数字金融业务高度依赖于海量个人数据与交易信息的收集、传输、存储与分析处理。在复杂多变的网络环境中，保障用户隐私安全面临诸多风险。数据泄露事件可能源于网络黑客攻击、内部管理不善或第三方合作机构的违规操作等多种因素，这些都可能导致用户敏感信息泄露，进而引发金融诈骗等违法犯罪活动，严重损害用户权益并削弱公众对数字金融的信任度。

（三）技术适应性与人才缺乏

农村地区居民受教育程度相对较低、信息技术培训机会有限，对于快速发展的数字金融技术在认知、理解与操作技能方面存在明显不足。当地金融机构同样面临专业人才匮乏的问题，缺乏既精通金融业务又熟练掌握数字技术的复合型人才队伍，难以有效开展数字化金融服务创新与运营管理，限制了数字金融在农村地区的深入推广与可持续发展。

第三节　数字普惠金融的减贫逻辑

数字普惠金融的减贫逻辑是指通过数字化手段提供普惠金融服务，尤其是面向贫困地区、低收入群体和小微企业的金融服务，来促进经济发展、提高收入水平、减少贫困、促进社会公平和经济包容。数字普惠金融的减贫作用，主要体现在通过提高金融服务的可获得性、降低金融成本、增强金融包容性等方面，推动贫困群体脱贫致富的过程。

一　数字普惠金融减贫的基本逻辑框架

数字普惠金融的减贫逻辑基于普惠金融理论和金融包容性理论，通过信息技术的应用，解决贫困地区和低收入群体在传统金融体系中被排斥和金融服务的难以获得问题。其核心目标是通过提供便捷、低成本、高效的金融服务，促进贫困群体的生产和生活条件改善，最终实现减贫。

（一）金融服务的普及与可获得性

传统金融服务在贫困地区往往受限于基础设施和运营成本，许多低收入群体和小微企业难以获得贷款、保险、储蓄等基本金融服务。

数字普惠金融通过互联网、移动支付、数字信贷等手段，使得贫困地区的居民能够通过智能手机等设备访问金融服务。数字平台能够覆盖那些传统金融服务无法到达的区域，如偏远乡村和贫困地区。

减贫效应：通过数字普惠金融，贫困地区居民可以享受低门槛、低成本的金融服务，提升其金融可得性，为其提供基本的经济活动支持，进而帮助贫困群体通过金融手段改善经济状况，脱离贫困。

（二）降低金融服务成本

传统的金融服务往往需要大量的人力、物力和时间投入，尤其是在偏远和贫困地区，这使得银行等传统金融机构在这些地区的运营成本较高，因此很难提供普惠金融服务。

数字普惠金融通过信息化技术手段，如大数据、云计算和人工智能等，能够将传统金融服务"在线化"，减少实体网点建设的需求，从而大幅度降低服务成本。同时，数字平台能够自动化处理交易、风控和服务交付，大大提高运营效率。

减贫效应：通过减少运营成本，金融服务提供方能够降低金融服务费用，特别是针对贫困地区的低收入群体和小微企业，提供更低利率和更低费用的贷款、存款和保险产品，从而缓解其融资难、融资贵的问题，帮助其走出贫困。

（三）信用评估与风险管理的创新

在传统金融体系中，贫困群体通常缺乏正式的信用记录、抵押物或者担保，导致其融资困难。银行和其他金融机构往往会对这些群体进行排斥，认为他们的违约风险较高。

数字普惠金融通过大数据分析、人工智能和区块链等技术创新，可以通过非传统的方式进行信用评估。例如，数字平台可以根据用户的社交网络、支付历史、交易行为等多维数据进行信用评估，形成更加精准的信用评分。

减贫效应：数字普惠金融通过创新的信用评估技术，能够为贫困地区的居民提供个性化的信贷服务，降低了贫困群体获得融资的门槛。更高效、更精确的风险管理方式有助于降低金融机构的风险，从而支持更多贫困群体和小微企业获得贷款，促进其生产和创业，推动贫困人口的脱贫。

（四）推动收入多元化与经济赋能

贫困群体常常面临单一收入来源的困境，一旦遭遇突发事件（如自然灾害、市场波动等），他们的经济状况可能迅速恶化。通过传统金融体系，贫困群体很难获得多样化的收入支持和保障。

数字普惠金融不仅提供传统的金融服务，还为贫困地区的居民提供了多种形式的经济支持。例如，通过数字信贷，农民可以在播种季节借款购买种子、肥料；通过移动支付，居民可以方便地进行小额交易；通过数字保险，农民可以购买农业保险，免受自然灾害的损失。

减贫效应：数字普惠金融通过提供更为多样化的金融产品，帮助贫困群体进行生产性投资、保障性保险以及多渠道收入创造。这使得贫困群体能够更好地应对生活中的各种经济挑战，逐步摆脱贫困，实现收入多元化和经济赋能。

（五）促进教育与技术培训

贫困地区的居民通常面临教育资源匮乏和技术水平较低的问题，这限制了他们的生产能力和收入水平，也阻碍了他们脱贫的进程。

数字普惠金融在提供金融服务的同时，还能够通过线上教育平台、技术培训课程等手段，促进贫困群体的金融素养和技术能力提升。例如，很多数字平台会提供金融知识普及、创业培训、农技知识等内容，帮助贫困地区居民提升其技能和创业能力。

减贫效应：数字普惠金融不仅通过提供资金支持帮助贫困群体改善生产条件，还通过教育和技术培训提高其自身的技能水平，帮助他们更好地融入现代经济体系，从而推动贫困群体的长期可持续发展。

二　数字普惠金融减贫的机制

（一）提高金融服务的可获得性

传统金融体系由于成本高、覆盖面有限，往往无法有效服务贫困地区和低收入群体，导致这些群体很难获得基本的金融支持，如储蓄、贷款、保险等。数字普惠金融通过互联网、移动支付、数字信贷等技术手段，突破了地域限制，使贫困地区的居民可以通过智能手机等设备随时随地获得金融服务。

通过降低传统金融服务的门槛，数字普惠金融为贫困群体提供了一个低成本、高效的金融服务平台，增加了他们的资金流动性和经济活动能力，从而帮助其提高收入，促进脱贫。

（二）降低金融服务的成本

传统金融服务需要大量的实体网点和人工服务，运营成本较高，而在贫困地区，金融机构的运营成本尤为突出，导致金融产品的价格较高。数字金融通过信息技术手段，如大数据、人工智能等，降低了传统金融服务的运营成本，同时，通过线上服务，降低了客户服务的人工成本。

数字普惠金融降低了金融服务的费用，尤其是对于低收入群体和小微企业，提供了更便宜、更容易获取的金融产品，如低利率贷款、微型保险、低成本支付工具等，从而提升了贫困群体的经济能力，帮助其更好地应对生活中的风险和压力。

（三）创新信用评估与风险管理

贫困地区的居民往往缺乏正式的信用记录或抵押物，传统金融体系难以对其进行有效的信用评估，导致金融机构对这些群体的贷款审批更加谨慎，难以获得融资支持。而数字普惠金融通过大数据分析、人工智能等技术手段，能够依托非传统的信用信息（如社交行为、支付记录、消费行为等）进行风险评估和信用评分，从而更好地评估贫困群体的信贷风险。

通过创新信用评估机制，数字普惠金融能够为那些没有传统信用记录的贫困群体提供信贷支持，帮助他们通过贷款、信用融资等方式获得资金，用于生产、教育、医疗等领域，从而提升收入水平，减少贫困。

（四）促进收入多元化与创业机会

贫困群体通常依赖单一的收入来源，如农业或低薪工作，且经济状况容易受到外部风险（如自然灾害、市场波动等）的影响。数字普惠金融能够提供更多元化的金融服务，支持贫困群体进行小额信贷、创业融资、保险购买等，从而为他们创造更多的收入来源。

通过小额贷款、创业融资等金融服务，数字普惠金融支持贫困群体开展农业生产、个体经营、小微企业等，帮助他们增加收入来源，降低贫困群体的收入单一性，提高经济抗风险能力，实现更持久的脱贫。

（五）促进社会保障与风险管理

贫困群体通常面临较高的生活和健康风险，缺乏有效的社会保障体系。数字普惠金融提供的数字保险产品、社会保障计划等可以帮助低收入群体降低生活中的风险，如自然灾害、疾病、失业等。同时，数字平台还可以为贫困群体提供实时的社会保障信息，帮助他们更好地了解自己可以享受的福利。

数字普惠金融通过提供可负担的微型保险、健康险、灾难险等保障产品，帮助贫困群体应对生活中的不确定风险，减少因灾害、疾病等因素导致的贫困陷阱，增强其应对风险的能力，进一步促进脱贫。

（六）推动金融包容性与数字经济发展

数字普惠金融不仅提供基本的金融服务，还促进了金融包容性，即通过数字化手段为所有社会群体（特别是贫困群体）提供公平的金融机会。通过普及移动支付、数字货币、区块链技术等，数字普惠金融打破了传统金融体系的壁垒，增加了金融服务的可得性，进一步推动了数字经济的发展。

金融包容性有助于贫困地区群体充分参与到现代经济中，尤其是在电商、农业金融、微型企业等领域，带动当地经济活力。通过接入数字经济，贫困群体可以更轻松地参与到市场交易中，增加经济活动，提高收入水平，促进社会经济的包容性增长。

（七）加强数字金融平台与社会资本的结合

数字普惠金融不仅提供金融服务，还通过建立开放平台促进社会资本的流动。通过平台化的运营模式，数字金融服务能够将贫困地区居民与社会资源（如专家、投资者、客户等）连接起来，促进知识、信息和资金的流动。

贫困地区居民不仅能够从金融服务中获益，还可以通过数字平台接触到市场、商机、技术、培训等多方面的支持。通过社会资本的聚合，贫困地区的生产力和创新能力得到提升，推动当地经济增长和社会发展，进一步推动减贫。

三　数字普惠金融的减贫路径

（一）数字普惠金融缓解农业信息不对称

金融机构借助信息技术优势，弱化了金融信息不对称的风险影响，有效降低了金融机构的产品供给成本，从而降低了信用风险和道德风险的发生。扶贫对象的信用数据空白是阻碍大批偏远农村地区消费者实现金融可得的根本性原因，随着大数据、云计算等新技术在金融领域的广泛应用，数字普惠金融实现对传统金融不可得的弱势群体数据深度挖掘，形成扶贫群体的个性化特征数据，解决扶贫对象信用数据缺失问题，降低金融机构因为信息不对称造成的信用风险和道德风险，提升金融扶贫的精准度。

金融科技的深度应用，使金融机构的金融产品跨越时空局限，突破地理区域限制，实现资源的高效配置，惠及过去无法触及的长尾客户群体，极大地拓宽了金融产品的服务范围，为金融精准扶贫提供了有力的抓手。金融科技的革命性贡献突出体现在降低金融产品成本方面，这种"降本提效"作用的优势相比金融发达、金融服务易得的城市地区，在偏远农村地区更为明显和突出。从这一角度来看，数字普惠金融的精准扶贫效果非常高，突破时空局限性，并且将扶贫工作最艰难的"最后一公里"落到实地，真正实现了普惠金融的普惠、公平，彰显了普惠金融帮扶的长尾效应。

（二）数字普惠金融为推进脱贫攻坚提供融资支持

借助大数据、云计算、人工智能等新技术，传统金融机构突破时空局限，为深度挖掘扶贫对象的金融需求、精准设计金融产品、精准定价和精准管理风险、提升金融资源的配置效率提供了现实的"靶向性"解决路径。显然，数字新技术为普惠金融赋能，利用大数据、云计算、人工智能、5G技术，突破金融扶贫"最后一公里"的困境，挖掘弱势群体金融需求的长尾潜能，最终将金融精准扶贫的新鲜血液输送到帮扶对象手中，用好扶贫资金，摆脱贫困，实现小康生活，这是数字普惠金融践行金融精准扶贫的关键所在。

（三）数字普惠金融提升弱势金融消费者的风险意识和信用意识

提升普惠金融对象的金融知识、金融风险防范意识、维护个人信用等金融素养，是有效化解金融扶贫中的金融风险，实现脱贫致富终极目标的根本方案。

大数据、人工智能、区块链等新技术的广泛应用，一方面，可以突破时空局限，为偏远农村区域的金融知识宣传、消费者金融教育提供新的快捷途径，提升金融应用能力；另一方面，也为金融机构完善一直被排斥在金融体系外、信用缺失的低收入消费者个人数据，研究金融扶贫群体的金融需求及设计精准扶贫金融产品等基础性工作，提供强大的技术支持。从已经在全国多个地区开展的金融扶贫工作来看，数字普惠金融将是在数字金融时代解决金融支持农村经济振兴的有力武器。

四　数字普惠金融减贫应对策略

（一）缩小数字鸿沟

许多贫困地区尤其是农村和偏远地区的互联网接入、信息技术普及水平较低，缺乏必要的数字基础设施，导致这些地区的居民无法享受数字普惠金融服务。为此，可以从以下方面着手，缩小数字鸿沟。

1. 加强数字普惠金融基础设施建设

在中西部地区、贫困和农村地区，加强网络通信基站、移动终端等硬件设施建设，扩大农村移动网络的覆盖面积。政府应鼓励移动终端设施提供商和网络基础运营提供商向农村低收入群体提供成本可负担、操作更便捷的移动终端或普及安全可靠的移动终端交易二手平台。同时，持续优化农村数字支付环境，如建立惠农网点支付、第三方支付和商业银行支付三者相辅相成的农村支付体系。开发适合农村电子商务的支付终端，丰富农村数字支付的应用场景。扎实推进数字支付的宣传和普及工作，加强数字支付的安全教育。

2. 构建多元化数字普惠金融体系

推动传统金融机构与数字技术深度融合，是提升金融服务效能的关键举措。具体而言，大型商业银行需加大对小微企业和"三农"领域的金融扶持力度，充分利用手机 App、微信公众号、网上银行等便捷渠道，拓宽金融服务覆盖面。与此同时，地方中小银行及农村信用社应紧贴本地实际需求，创新开发数字普惠金融产品，比如，依托数字互联网技术，探索建立农业产业链扶贫的新模式。此外，新型互联网金融企业应发挥其在数字科技应用上的创新优势，深入剖析传统扶贫模式的瓶颈与挑战，并运用数据分析手段，整合农业产业链上下游企业及农户资源，从而进一步增强扶贫减贫的实效。

3. 完善农村数字征信与保险体系

通过建立信息共享平台，构建全面的数字征信系统，可以有效整合农户信用信息，提高信贷审批效率，解决农民贷款难问题。同时，推动农业保险数字化转型，利用大数据、物联网等技术优化承保理赔流程，确保农户能够及时获得风险保障。这不仅有助于提升农村金融服务的覆盖面和质效，还能增强农村经济的抗风险能力，为乡村振兴提供有力支撑。

4. 推动经济增长与收入分配优化

促进金融服务实体经济，人民银行需灵活调整货币政策，引导市场利率合理下降，从而降低企业的融资成本。资本市场则需进一步创新，探索以企业成长潜力和发展目标为基准的市场准入机制，为中小企业提供更多利用直接融资的机会。同时，要完善要素市场的运行机制，确保经济发展与就业增长相协调，保障中小微企业的持续健康发展。在此过程中，还需注重初次分配的公平与效率，不断优化税收制度。

（二）加强金融教育与金融素养培训

很多贫困地区的居民缺乏足够的金融知识和技能，尤其是对于如何使用数字金融工具、理解信贷产品、管理财务等方面的知识欠缺。为提高贫困地区居民金融素养，可开展以下培训内容。

1. 普及金融知识

普及金融知识，包括基础知识，如储蓄、投资、保险等以及培养理性的投资消费观念。在贫困地区开展金融素养教育，提供基础的金融知识和数字金融使用培训，尤其关注女性、农民及小微企业主等特定群体，确保他们也能有效掌握这些关键技能。同时，通过多元化的金融教育培训活动，利用线上线下相结合的方式，覆盖更广泛的人群，特别是青少年、老年人和新市民等重点群体。线上平台提供灵活的学习资源，如视频、课程、互动问答等，帮助用户随时随地提升金融知识；线下社区服务可以通过举办讲座、沙龙等活动，提供更具针对性和个性化的辅导。这种双向结合的服务模式，帮助低收入群体提高金融决策能力，增强财务管理意识，从而更好地规划个人财务，改善经济状况。

2. 针对性课程设计

围绕不同受众的金融需求与认知水平进行针对性的金融教育课程。课程应涵盖基础金融知识、风险管理、投资理财等内容，并采用案例分析、互动讨论等多元化教学方法，以提升学员的参与度与理解力。同时，结合在线学习资源与实操模拟，强化理论与实践相结合，确保学员能够掌握实用的金融技能，做出明智的财务决策。这样的课程设计旨在满足不同群体的金融学习需求，提升其金融素养。

（三）解决信息安全与隐私保护问题

数字金融涉及大量的个人信息和财务数据，贫困群体在使用数字金融工具时可能面临信息泄露、身份盗用等风险，特别是对于金融知识不足的人群来说，这些风险可能会加剧其经济困境。

为解决信息安全与隐私保护问题，可从以下几个方面入手。

1. 加强信息保护立法

金融安全是经济稳定的关键，加强信息安全立法至关重要。立法应明确金融机构的信息保护责任，规范个人信息的收集、使用、存储等环节，确保数据安全与隐私保护。同时，针对金融数据的敏感性，立法需强化数据分类分级保护，并设定严格的数据出境安全评估制度。此外，还应加大对金融信息违法行为的惩处力度，提高违法成本。通过系统化、专业化的信息安全立法，为金融数据安全提供坚实的法治保障，维护国家金融安全与经济稳定。

2. 安全技术保障

金融安全离不开先进的安全技术保障。这包括采用加密技术保护数据传输与存储安全，运用生物识别、多因素认证等技术提升身份验证的准确性和安全性。同时，建立全面的安全监控与预警系统，及时发现并处置潜在的安全威胁。通过持续的技术创新与升级，构建多层次、立体化的安全防护体系，确保金融交易与信息系统免受攻击与侵害，为金融安全提供坚实的技术支撑。

3. 普及金融安全教育

普及金融安全教育对于提升公众金融安全意识至关重要。通过广泛的宣传教育活动，向公众传授金融基础知识、风险防范技巧及合法维权途径。利用线上线下多种渠道，如举办讲座、发放宣传册、开展在线课程等，确保各年龄层、各社会群体都能接触到金融安全知识。旨在提高公众识别金融诈骗、防范投资风险的能力，形成全社会共同维护金融安全的良好氛围。

（四）创新信用评估与风控技术

贫困群体往往缺乏正式的信用记录，导致其无法从传统金融机构获得信贷支持。而数字普惠金融的信用评估技术仍然面临如何精准评估贫困群体信用、降低风险的问题。为此，可以建立一系列保障机制，来解决贫困群体的信用评估问题，同时，完善风险控制。

1. 创新信用评估模型

借助大数据、机器学习、区块链等技术，构建更加精准、高效的信用评价体系。这些模型能够综合考虑农户的多维度信息，如个人基本情况、家庭偿还能力、稳定性与抗风险能力，以及数字经济使用情况等，从而更全面地评估其信用风险。通过创新信用评估模型，不仅能够有效缓解农户贷款难的问题，还能提升金融机构的信贷风险控制能力，为乡村振兴提供有力的金融支持。

2. 建立社区担保机制

该机制以社区为单位，通过整合社区内农户的信用信息，形成信用共同体，为农户提供担保支持。当农户需要贷款时，可由社区信用共同体提供担保，降低贷款门槛。同时，社区担保机制还促进了社区内部的信用监督和互助，增强了农户的还款意愿和责任感。这种机制既解决了农户融资难的问题，又促进了社区信用体系的建设，为乡村振兴注入了新的活力。

3. 风险分担与保险机制

通过构建风险分担与保险机制，为农村经济发展提供了有力保障。一方面，它运用数字技术优化风险评估模型，精准识别农户和小微企业的信用状况，降低信息不对称，从而有效控制信贷风险；另一方面，推广农业保险，创新地方特色农产品保险，扩大农业保险覆盖面，增强农业抵御自然灾害和市场风险的能力。此外，政府、金融机构与社会资本共同参与风险分担，形成多元化、多层次的风险保障体系，确保数字普惠金融在乡村振兴中稳健前行。

第四节　中国农村数字普惠金融基础分析

中国农村数字普惠金融基础分析是对中国农村地区数字普惠金融发展的现状、基础设施、关键因素和面临的挑战进行系统性分析，为推动农村数字普惠金融的进一步发展提供依据。随着信息技术的迅速发展，数字普惠金融在农村地区的推广具有巨大的潜力，它能够有效降低金融服务的门槛，提高金融服务的普及率，推动农业和农村经济的发展，并且对促进精准扶贫、提高农民收入具有重要意义。

一　中国农村数字普惠金融的现状与基础

（一）基础设施建设逐步完善

1. 互联网覆盖率

随着中国在"宽带中国"战略的推动下，农村地区的互联网基础设施建设得到了显著提升。根据中国互联网信息中心发布的数据，截至2024年6月，中国农村网民数量达到3.04亿人，农村地区互联网普及率为63.8%，占全国网民总数的27.7%。并且，《2024年数字乡村发展工作要点》提出到2024年年底，农村地区互联网普及率预计还要提升2个百分点。这一增长趋势显示了中国农村地区在互联网基础设施建设和普及方面的持续努力。在大多数乡村地区，4G和5G网络覆盖已逐步实现，为数字金融的发展提供了技术支持。

2. 移动支付普及

中国农村地区移动支付普及情况良好，普及率显著提升。截至2024年，移动支付在农村地区的普及率已超过70%，并且这一数字仍在持续增长。随着智能手机和移动互联网的普及，农民们可以通过支付宝、微信等移动支付平台进行线上线下的支付和转账，这种便捷、快速的支付方式深受农民喜爱。移动支付的普及不仅方便了农民的日常生活和经济交易，还推动了农村电商和金融科技的发展，为乡村振兴注入了新的活力。

3. 智能手机的普及

中国农村地区智能手机普及较为迅速，普及率持续提升。截至 2024 年，智能手机在农村地区的普及率已达到较高水平，农村智能手机用户规模庞大。随着农村地区互联网基础设施的不断完善和移动互联网的快速发展，越来越多的农民开始使用智能手机上网，享受数字化生活带来的便利。智能手机的普及不仅方便了农民的沟通与交流，还促进了农村电商、在线教育、远程医疗等新兴产业的发展，为农村地区带来了更多的发展机遇。

（二）政府政策支持

1. 数字普惠金融政策支持

政府在推动农村金融普惠方面，提供了多项政策支持，包括加强农村金融服务体系建设、创新金融产品和服务、完善农村信贷政策、加强农村信用体系建设、提供财政支持和税收优惠、加强金融教育和培训以及推动金融科技应用等。这些政策旨在扩大农村金融服务覆盖面，提升金融服务质量和效率，满足农村多样化的金融需求，降低信贷风险，并为农村金融机构稳健运行提供有力保障。这些举措共同构成了农村金融普惠的政策框架，在这一框架下，政府鼓励银行、互联网金融机构、保险公司等金融主体向农村地区提供创新金融产品，进一步拓展数字金融服务，为乡村振兴和农业现代化注入新的活力。

2. 农村金融体制改革

近年来，政府出台了《推进普惠金融发展规划（2016—2020年）》和《金融科技发展规划（2022—2025）》等政策文件，推动了农村金融体系的数字化转型，并支持农村金融服务的数字化普及。一方面，数字普惠金融通过整合数字技术与金融服务，打破了传统金融机构在农村地区的布局限制，有效提升了金融服务的覆盖范围和效率。这为农村地区提供了更加便捷、高效的金融服务渠道，满足了农民多样化的金融需求。另一方面，数字普惠金融的发展也促进了农村金融市场的竞争与创新。随着数字技术的不断应用，新型金融业态和服务模式不断涌现，推动了农村金融市场的多元化发展。这有助于优化农村金融资源配置，提高金融服务的质量和效率，进而推动农村金融体制的全面改革。

（三）金融产品创新

1. 数字信贷产品

数字信贷产品是金融产品创新的重要成果，它利用5G、大数据、人工智能等新一代信息技术，以互联网为载体，实现了信贷业务的线上化、智能化。这些产品无须抵押物，申请便捷，审批高效，极大地方便了中小企业和个人客户的融资需求。数字信贷产品的推出，不仅降低了融资成本，提高了金融服务效率，还推动了普惠金融的发展，让更多人享受到便捷、高效的金融服务。数字信贷是科技、金融融合发展的产物，是金融服务实体经济的新利器，引领金融产品创新的新趋势。

2. 数字保险服务

数字保险服务是金融产品创新的重要领域。它利用大数据、人工智能、云计算等技术，优化和创新保险业务，实现全流程在线化、自动化，显著提升服务效率。通过数据分析，保险公司能更准确地评估风险，制订个性化保险方案，满足客户的多样化需求。此外，数字保险服务还打破了地域限制，拓展了市场空间，并推动了保险产品的持续创新，如基于使用量的保险、场景保险等。这些创新不仅提升了客户体验，还增强了保险行业的竞争力和服务能力。

二 中国农村数字普惠金融的核心构成要素

(一) 数字基础设施

在乡村振兴和精准扶贫的背景下,政府加大了对农村信息基础设施的投资,使得农村地区的金融服务覆盖面和效率大幅提升。目前,农村地区基本实现网络全覆盖,宽带接入用户数持续增长,互联网普及率不断提升。5G网络和千兆光网逐步向农村地区延伸,提升了网络质量和覆盖范围。同时,农村电子商务服务站等各类村级服务站点及设施不断完善,为农村居民提供更加便捷化、智慧化的信息服务。这些数字基础设施的建设,为农村地区数字经济发展提供了有力支撑,推动了乡村振兴和农业农村现代化进程。

(二) 数字支付体系

中国农村地区数字支付体系建设稳步推进。政府及金融机构加大投入,提升农村网络覆盖率,推广移动支付终端,为数字支付提供基础设施支持。同时,开展数字支付知识普及和培训,提高农民对数字支付的接受度。通过创新支付方式和简化操作流程,农民能更便捷地进行支付和转账。此外,加强监管,保障交易安全,推动农村集体资金"无现金收付"全覆盖,实现资金管理的规范化和透明化。这些举措促进了农村金融服务现代化,为农村经济发展注入新活力。

(三) 数字金融平台

中国农村地区数字金融平台蓬勃发展。一些大型互联网公司(如蚂蚁金服、腾讯、京东金融等)已经进军农村市场,推出了专门为农民和农村小微企业提供的金融服务平台,为农村居民提供便捷、多元的金融服务。这些平台通过数字化手段,降低金融服务门槛,扩大服务覆盖面,满足农村居民的支付、转账、信贷、理财等需求。同时，数字金融平台还推动了农村普惠金融的发展，助力小微企业、农户等群体获得资金支持，促进农村经济发展和乡村振兴。

三 推动农村数字普惠金融发展的策略

（一）加强数字基础设施建设

农村地区数字基础设施的薄弱严重阻碍了数字普惠金融的普及，持续加大对农村互联网基础设施的投资力度势在必行。积极推进5G网络和光纤宽带技术在农村的全面普及，有助于显著提升网络速度与稳定性，确保即使在偏远山区也能实现互联网的广泛覆盖。这不仅能够满足农民日常的信息获取与社交沟通需求，更为数字金融服务的顺畅开展提供了坚实的网络支撑。例如，高速稳定的网络可使农民实时查询农产品市场价格、进行线上农产品交易等，同时也保障了数字金融交易过程中的数据传输及时准确，降低交易风险。

此外，推广智能手机的普及对于农民获取数字金融服务至关重要。政府与企业应共同努力，通过补贴政策、集采等方式降低智能手机的硬件成本，使更多农民能够拥有便捷的移动终端设备。同时，结合农村实际情况，开发适合农民操作习惯、功能简捷实用的金融服务应用程序，降低使用门槛，方便农民进行移动支付、小额贷款申请、理财投资等数字金融操作，真正将数字金融服务送到农民手中。

（二）提高金融素养

农村居民金融素养的欠缺是制约数字普惠金融发展的重要因素之一。开展系统全面的农村金融教育和培训活动是提升农民金融知识水平的关键路径。培训内容应涵盖基础金融知识，如货币的时间价值、利率计算、风险与收益的关系等，同时重点讲解数字金融产品的特点、使用方法以及潜在风险。例如，通过案例分析和实际操作演示，让农民深入了解如何使用手机银行进行转账汇款、如何识别正规的网络借贷平台以及如何防范金融诈骗等。

鼓励农村金融机构与数字平台紧密合作，充分发挥各自优势，开展形式多样的普惠金融教育活动。金融机构可利用其线下网点资源，举办金融知识讲座、设立咨询服务台等；数字平台则可借助其线上渠道，制作生动有趣的金融知识短视频、开展线上互动问答活动等，以全方位、多层次的教育方式提升农民的金融素养和数字技能，增强农民对数字金融产品的认知与信任，从而激发他们主动参与数字金融活动的积极性。

（三）完善信用体系与大数据应用

建立健全农村地区的信用评估体系是数字普惠金融健康发展的重要保障。推动农民信用记录的积累与完善，应从多方面入手。一方面，加强与农村基层组织的合作，收集农民在农业生产经营、农村社区事务参与等方面的信息，如农产品销售记录、土地流转信用情况、参与农村公益活动的表现等，将这些信息纳入信用评估范畴，丰富信用数据来源；另一方面，建立信用信息共享平台，实现农村金融机构、政府部门、社会组织等之间的信用数据共享，打破信息孤岛，提高信用评估的准确性与全面性。

在完善信用体系的基础上，充分发挥大数据技术的优势，进行综合信用评估与个性化金融产品创新。大数据技术能够整合分析多样化的数据源，如社交网络中的人际关系与口碑评价、支付记录所反映的消费行为与还款能力等，挖掘出农民潜在的信用特征与金融需求。基于精准的信用评估结果，数字普惠金融平台可以为不同信用等级的农民量身定制个性化的金融产品，如为信用良好的农民提供更高额度、更低利率的贷款产品，为信用一般的农民提供小额、短期、灵活还款方式的金融服务，从而提高金融资源的配置效率，满足农民多样化的金融需求。

（四）加强金融安全与风险防控

农村地区数字金融安全与风险防控面临诸多挑战，需要多管齐下加以应对。

首先，加强对农村数字金融平台的监管力度，建立健全适应农村数字金融特点的监管制度与法规体系。监管部门应明确数字金融平台的准入门槛、运营规范、信息披露要求等，加强对平台日常运营的监督检查，及时发现并纠正违规行为，严厉打击金融诈骗、非法集资等违法犯罪活动，切实保护农村居民的资金安全。例如，定期对农村数字金融平台的资金托管情况、风险控制措施、数据安全管理等进行检查评估，确保平台合规运营。

其次，推动金融科技公司与金融机构强化网络安全技术研发与应用，建立完善的网络安全防护体系。采用先进的加密技术、防火墙技术、入侵检测技术等，保障金融数据在传输、存储过程中的安全性与完整性。同时，加强对农民个人信息的保护，建立严格的信息收集、使用、存储管理制度，明确信息使用权限与保密责任，防止农民个人信息被泄露或滥用。

此外，加强金融安全教育宣传，增强农民的金融安全意识与风险防范能力，引导农民自觉遵守金融法律法规，谨慎参与数字金融活动，避免陷入金融陷阱。

（五）支持地方金融机构转型

地方金融机构在农村数字普惠金融发展中具有独特的地缘优势与服务基础。政府应积极提供政策支持与资金补助，助力地方金融机构加快数字化转型步伐。政策方面，可出台税收优惠政策、财政补贴政策等，鼓励地方金融机构加大对数字金融技术研发、人才培养、基础设施建设等方面的投入；在资金补助上，设立专项转型基金，为地方金融机构数字化转型项目提供低息贷款或直接投资，缓解其资金压力。

鼓励农村地区的地方银行与科技公司、互联网平台开展深度合作，实现优势互补、协同创新。地方银行可借助科技公司的技术力量与互联网平台的流量优势，优化金融服务流程，创新金融产品与服务模式。例如，共同开发基于大数据分析的智能信贷系统，提高贷款审批效率与精准度；推出线上线下融合的金融服务模式，为农民提供更加便捷、高效的金融服务体验。通过合作，地方金融机构能够提升自身服务能力与技术水平，更好地适应数字普惠金融发展的新趋势，为农村地区经济社会发展提供有力的金融支持。

第 五 章

数字普惠金融对乡村振兴的影响

第一节　数字普惠金融助力乡村振兴的内在逻辑

一　数字普惠金融推动农村产业化发展

数字普惠金融作为一种创新的金融服务模式，通过数字技术的应用，使得传统金融服务覆盖到更广泛的农村地区和更多低收入群体，为农村经济的发展提供了强有力的金融支持。在推动农村产业化发展方面，数字普惠金融通过提供便捷的融资渠道、优化资源配置、提高产业链效益等多个方面，显著促进了农村经济的结构转型和产业升级。

（一）降低融资门槛，解决资金瓶颈

传统的金融机构由于风险评估、担保要求等限制，通常难以为农民和农村小微企业提供适当的融资支持。而数字普惠金融通过大数据、云计算、人工智能等技术，能够更加精准地评估借款人的信用，降低对传统抵押和担保的依赖，尤其是在农村地区，降低了融资门槛，使农民和农村企业能够更容易获得贷款。

这种融资便利性为农村产业化提供了充足的资金支持，使得农业生产和农村产业的现代化进程不再受到资金限制。农民和企业可以利用贷款资金购买先进的农业设备、升级生产设施，推动农业生产向集约化、规模化和机械化转型。

（二）优化产业链条，提升价值链效益

数字普惠金融不仅提供资金支持，还能促进农村产业链条的优化和整合。通过数字平台，农民和企业可以更高效地获取市场信息，建立完善的供应链、销售链、服务链等。金融产品的创新，如供应链金融、农业保险、产销对接等，为农村产业链上的各个环节提供了资金流动保障和风险管理支持。

这种资源的高效配置和产业链的优化，提高了农产品的附加值，推动了农村产业结构的升级。农民可以通过农业合作社、农村企业等集约化经营模式，降低生产成本，提高生产效率，提升整体产业的竞争力。

（三）促进农业与非农产业融合发展

数字普惠金融鼓励和支持农业与非农产业的融合发展。例如，通过为农民提供小额贷款和创业支持，鼓励他们发展农产品加工、乡村旅游、电商等非农产业。农村电商平台、旅游项目、地方特色产业等，通过数字化的支持，可以更便捷地进入市场，拓展多元化的收入来源。

这种跨行业的融合促进了农业与农村其他产业的协同发展。农民不仅可以通过种植和养殖获得收入，还可以通过从事农产品加工、乡村旅游、电商销售等非农产业，提高整体收入水平，推动农村产业的多元化和现代化。

（四）推动农业科技创新和智能化转型

数字普惠金融通过提供资金支持，助力农业科技的创新和智能化应用。例如，金融平台可以为农业企业提供资金支持，用于购买智能化农业设备、实施精准农业、推广新型农业技术等。同时，数字普惠金融的创新性也推动了农业科技企业的快速发展，为农业产业化提供了技术支持。

　　科技创新和智能化技术的应用使得农业生产更加高效、精准，农业产业的整体发展质量和效益得以提升。农民可以通过数字化管理工具进行精准种植、精准施肥、病虫害监测等，提高生产效率和农产品质量，推动农业向智能化、绿色化方向转型。

（五）促进市场信息流通，提高市场对接效率

　　数字普惠金融不仅提供资金支持，还推动了市场信息的流通。农村地区往往存在信息不对称的问题，导致农民和农产品生产企业难以了解市场需求、价格波动等信息。数字金融平台通过大数据分析、云计算等手段，能够帮助农民和农业企业更好地掌握市场信息，优化生产和销售决策。

　　通过数字化手段，农民和农村企业能够更加精准地掌握市场趋势，调整生产结构和销售策略，减少库存积压和产销脱节现象，提高了市场对接效率，增强了农村产业的市场竞争力和可持续发展能力。

（六）推动绿色农业与可持续发展

　　数字普惠金融能够促进绿色金融的创新，为绿色农业项目提供资金支持。例如，数字平台可以为从事有机农业、生态农业等绿色农业项目的农民提供绿色贷款或环境保险。这些金融产品不仅帮助农民提升生产技术，还推动了农业生产方式的绿色转型。

　　绿色农业和可持续发展能够帮助农民提高土地利用效率，减少环境污染，保护生态环境，同时也能够增加农民的收入。例如，通过实施有机农业、节水农业、生态农业等方式，农民能够获得更多的绿色产品溢价，提升农业产业的整体竞争力和可持续发展能力。

二　数字普惠金融改善乡村民生福祉

　　数字普惠金融通过创新的金融服务模式，使得原本在传统金融体系中被边缘化的乡村群体，特别是农民和农村小微企业，能

够更加容易地获取金融资源，改善生活水平和经济状况。数字技术（如大数据、云计算、人工智能等）在金融服务中的应用，推动了金融服务的普及化、便捷化、精准化，极大改善了乡村民生福祉。

（一）改善资金获取渠道，缓解融资难题

传统金融机构由于信用评估、担保要求等原因，通常难以为农村居民提供金融服务，导致农民在教育、医疗、住房等方面的投资受到制约。而数字普惠金融通过利用大数据、人工智能等技术，能够进行更精准的信用评估，不依赖传统抵押担保，大大降低了农民获取贷款的门槛。

农民可以通过数字平台获得小额贷款、消费贷款、教育贷款等，解决了资金短缺问题，从而能够改善住房条件、支付子女教育费用、提高家庭消费水平，提升生活质量。

（二）促进收入增加，推动创业就业

数字普惠金融通过为农民和农村小微企业提供便捷的融资渠道，帮助其获得生产经营所需的资金支持。同时，金融科技平台也为农民提供了小额信贷、创业支持等服务，推动乡村创业和就业的增加。

农民和农村居民可以通过低成本的贷款资金发展农业生产、开设小型企业或创业项目，提高收入水平。此外，数字平台还可以通过在线技能培训、求职信息等服务，促进就业机会的增加，推动乡村居民收入多元化，改善民生。

（三）提高消费水平，促进乡村生活品质提升

数字普惠金融不仅帮助农民解决生产资金问题，还促进了农村消费市场的活跃。通过提供消费贷款、分期付款等金融服务，农民能够在住房、家电、汽车等消费品的购买上获得更大的灵活性和便利。

消费信贷让农民能够更快实现家庭消费需求，改善生活条件和消费品结构，提升生活品质。例如，农民能够更方便地购买家电、智能设备、健康产品等，改善居住环境和家庭条件，从而提升民生福祉。

（四）提供保障功能，增强风险抵御能力

数字普惠金融还通过创新的金融工具，为农民提供了更多的风险管理手段，如农业保险、健康保险、灾害保险等。农民可以利用这些保险产品应对自然灾害、健康风险等不确定因素，降低风险带来的经济损失。

通过保险产品的普及，农民在遭遇灾害、疾病等风险时，不仅能获得经济补偿，还能够缓解因突发事件带来的经济压力。提升了农村家庭的安全感和稳定感，从而改善民生福祉。

（五）改善教育和医疗保障，提升公共服务可达性

数字普惠金融可以通过贷款、基金支持等形式，促进农村教育和医疗事业的发展。农民可以通过贷款支付子女的学费，或者借助金融平台支付医疗费用。同时，金融科技平台还可以为农村地区提供远程医疗、在线教育等服务，打破传统基础设施的制约。

通过数字金融工具的支持，农民和农村居民能够获得更好的教育和医疗保障，提升自身的素质和健康水平，进而改善生活质量。此外，在线教育和医疗资源的普及也有效弥补了乡村公共服务不足的问题，提高了乡村居民的综合福祉。

（六）推动农村金融普及，提高金融素养

数字普惠金融通过简便易用的数字平台和金融工具，提高了农民的金融素养和财务管理能力。农民可以通过手机应用、在线平台进行储蓄、理财、贷款等操作，同时学习理财知识和进行金融产品的选择。

提高金融素养使农民能够更加理性地管理家庭财务、提高资

金使用效率，避免资金浪费和风险。通过合理的理财规划，农民能够实现财富积累，提升家庭的经济状况和生活质量。

三　数字普惠金融助力乡村生态环境保护

数字普惠金融作为一种金融创新模式，在推动乡村经济发展和改善民生的同时，也能够有效促进乡村生态环境保护。通过数字化手段，普惠金融能够为乡村生态环境保护提供资金支持、风险管理、技术创新和政策引导等多方面的服务，帮助农村实现绿色转型、推动可持续发展。

（一）推动绿色金融产品普及

数字普惠金融能够通过创新绿色金融产品，如绿色贷款、绿色保险等，为乡村的生态环境保护项目提供资金支持。农民和农村企业可以通过数字金融平台获得低利率的绿色贷款，用于实施环保农业、清洁能源项目、水土保持、废物处理等环保措施。

绿色金融产品降低了乡村环保项目的融资门槛，支持农民和农村企业进行环境保护投资。例如，农民可以申请绿色贷款购买环保设备或采用节水灌溉系统，减少化肥、农药使用，促进农业绿色转型。绿色贷款的普及不仅提升了农村环境保护意识，还有效推动了生态保护的资金流动。

（二）优化资源配置，推动可持续农业发展

数字普惠金融通过提供精准的金融服务，优化农村资源配置，支持农村绿色和可持续发展的农业项目。通过大数据分析和人工智能技术，金融机构能够更精确地评估农业项目的环保价值和风险，提供定制化的融资服务，支持农民和农业企业实施生态农业、循环农业等可持续发展模式。

数字普惠金融帮助农村产业从传统的资源消耗型农业向绿色、环保、低碳的农业转型。农民可以通过数字平台获得支持生态农业所需的资金，用于购买环保设备、实现有机种植、发展生态养殖等项目，从而减少环境污染，保护土地和水源，推动可持续农业发展。

（三）提供环境风险管理和保险保障

数字普惠金融为乡村居民提供环境风险管理和保险服务，特别是在面临自然灾害和气候变化等风险时，数字平台能够通过创新的环境保险产品，为农民提供必要的保障。农民可以通过购买生态环境保险或气候灾害保险，将环境风险转移，减少环境变化对农业生产和生活的负面影响。

环保保险产品为农民提供了风险分担机制，提高了农民在自然灾害、气候变化等环境风险面前的适应能力。通过降低环境风险带来的经济损失，农民能够更加放心地投资于环保项目和绿色农业，从而促进生态环境的保护与恢复。

（四）促进绿色技术创新和推广

数字普惠金融通过为农民提供资金支持，推动绿色技术的研发和推广。例如，农民可以通过绿色贷款购买节能设备、环保农机、绿色种植技术等，推动环保技术在农业生产中的应用。此外，数字平台可以通过信息技术、物联网、大数据等手段，提供农业环保技术的培训和普及，提升农民的环保意识和技术水平。

绿色技术的推广有助于提升农业的环保性，减少农药、化肥的使用，促进土壤、水源和空气质量的改善。通过数字普惠金融的支持，农民能够更快采用先进的环保技术，提高生产效益的同时减少对生态环境的负面影响。

（五）推动绿色消费和绿色投资

数字普惠金融不仅促进绿色生产，还推动绿色消费和绿色投资。金融平台可以为农民提供购买绿色产品、参与绿色项目投资的资金支持。例如，农民可以通过消费贷款购买太阳能发电设备、节能家电等绿色产品，或者通过投资基金参与环保项目和绿色企业。

通过推动绿色消费，乡村居民可以享受到更加环保和节能的产品和服务，减少资源浪费和环境污染。同时，绿色投资的支持能够加速绿色产业的发展，吸引更多资金进入环保和绿色产业领域，为生态环境保护提供持续的资金保障。

（六）增强生态环境意识，推动绿色转型

数字普惠金融通过提供信息服务、教育培训和政策引导，增强农民的生态环境保护意识和可持续发展意识。金融平台可以通过数字技术提供环保知识、绿色技术以及绿色政策的传播，帮助农民了解如何在生产中减少环境影响，实现绿色转型。

增强生态环境保护意识，有助于农民自觉采取环保措施，从源头上减少对生态环境的破坏。此外，通过数字平台的教育和培训，农民能够学习到更多的环保知识和技术，提高其在日常生产活动中的环保意识，从而推动绿色农业和可持续发展的理念深入人心。

四　数字普惠金融促进乡村治理现代化

（一）提升乡村治理能力与效能

1. 增强乡村经济治理的透明性

数字普惠金融通过大数据、云计算等技术，提高了资金流动的透明度和可追溯性。乡村的财政资金、金融资源流向以及乡村项目的资金使用情况，可以通过数字平台进行实时监控和管理。这种透明化的资金管理，有助于降低腐败风险，增强政府和企业的治理效能。

通过提高财务透明度，乡村治理能够更好地进行公共资源的配置和监管，有效防止资金浪费和腐败现象，提升公共管理的效率，促进乡村经济的可持续发展。

2. 优化资源配置，提升治理精准性

数字普惠金融通过精准的用户数据分析，能够为政府和金融机构提供乡村居民的信用评分、经济状况等信息，帮助其制定更加精准的政策和金融服务。例如，基于大数据分析，金融机构可以为农民提供差异化的贷款产品，政府可以根据不同区域和群体的特点提供定制化的支持。

这种精准的资源配置方式提高了治理的针对性和效果，避免了资源的浪费和分配不公，促进了乡村经济的均衡发展，增强了治理的科学性和合理性。

（二）推动乡村经济多元化发展

1. 支持乡村产业发展，促进乡村振兴

数字普惠金融通过为乡村居民、农村企业提供金融支持，推动农业产业结构的多元化。农民和企业可以利用数字平台获得融资，发展特色农业、乡村旅游、农村电商、文化产业等多种产业。这些产业的发展不仅能够提升乡村经济的整体水平，还能够优化乡村治理结构和社会组织形式。

产业多元化促进了乡村经济的可持续发展，增加了就业机会，提高了居民收入水平，从而减少了城乡差距。随着乡村经济的多元化发展，乡村治理的社会需求和治理能力也得到了提升，为乡村振兴提供了资金和政策支持。

2. 促进乡村金融生态的完善

数字普惠金融能够为乡村带来更广泛的金融服务，如小额贷款、保险、支付服务等，推动乡村金融生态的完善。这些服务能够使乡村居民和小微企业获取更多的融资机会，提升他们的经济活力和生产力。

完善的金融生态系统为乡村经济提供了更强的金融支撑，推动了乡村产业的健康发展，间接改善了乡村治理的社会资本和经济基础。通过推动金融资源向乡村流动，促进了农村地区的全面发展，进一步增强了乡村治理的支持力量。

（三）促进乡村社会治理现代化

1. 加强社会信用体系建设

数字普惠金融依托大数据、人工智能等技术，能够有效建立和完善乡村社会信用体系。通过对农民、农村企业和村级组织的信用记录进行数字化管理，能够更好地评估乡村经济主体的信用风险，促进贷款、保险等金融服务的普惠性和精准性。

完善的社会信用体系有助于乡村治理的规范化和法治化，增强了乡村治理的社会信任度，减少了金融欺诈和恶意欠债等行为，促进了乡村社会的和谐稳定。

2. 提升乡村社会管理和服务效率

通过数字普惠金融平台，乡村政府能够实现对社会资源、社会服务和社会需求的精细化管理。例如，政府可以通过数字化平台向农民提供就业信息、社会保障、教育医疗等公共服务，扩大公共服务的覆盖面并提高质量。

数字化的社会管理平台减少了服务过程中的信息不对称和资源浪费，提升了乡村治理的效率和服务水平，使得乡村社会管理更加智能化、精准化，推动了社会治理能力的提升。

（四）增强乡村治理的社会参与性

1. 促进乡村居民的金融参与和社会责任感

数字普惠金融通过提供更加便捷和普惠的金融服务，提升了乡村居民的金融参与度。例如，农民可以通过手机银行进行贷款申请、账单支付、保险购买等金融活动。这种金融服务的普及不仅增强了乡村居民的经济活力，还增强了他们的社会责任感和参与感。

通过数字化金融服务，农民的金融素养得到提升，能够更加积极地参与到乡村治理和经济发展中。这种社会参与感有助于提高居民的自我管理和自我治理能力，推动乡村治理的共同参与和共享发展。

2. 促进乡村基层民主治理

数字普惠金融平台为乡村居民提供了更加便捷的反馈和沟通渠道。例如，乡村居民可以通过数字平台向政府反馈环境污染、公共服务、社会福利等问题，政府可以及时予以响应并进行处理。这种信息流动的便捷化促进了乡村治理的民主化。

通过数字平台，乡村治理的民主性得到了增强，政府能够更好地了解和回应居民的需求，提升政策的针对性和有效性。这种加强的互动促进了乡村治理结构的现代化，使得乡村治理更加公开、透明。

第二节　数字普惠金融赋能乡村振兴的现实困境

一　数字基础设施薄弱

（一）网络覆盖不全

在数字普惠金融向广大乡村地区延伸的进程中，网络覆盖不全成为显著阻碍。众多偏远乡村以及深度贫困地区，尤其是地处山区或远离城市中心的地带，互联网与移动网络基础设施建设严重滞后。其网络信号呈现出极不稳定的状态，时常出现中断或微弱的情况，难以满足数字金融服务对于信号连续性与稳定性的基本要求。同时，有限的带宽致使数据传输速率低下，无论是金融信息的获取、交易指令的上传下达，还是线上金融业务办理过程中的数据交互，均面临严重的延迟与卡顿问题。这使得乡村居民在尝试接入数字普惠金融平台时困难重重，即便成功接入，也难以流畅地使用各类服务功能，如在线支付、网络借贷申请、金融理财操作等。

从宏观层面来看，这种网络覆盖的不完善直接导致金融服务在乡村地区的普及程度大打折扣，民众对数字金融工具的使用率处于极低水平。乡村地区的数字化进程由此陷入停滞状态，难以跟上现代金融科技发展的步伐。而在乡村振兴战略的整体框架下，数字金融作为推动农村经济多元化发展、提升农民收入水平以及优化农村产业结构的关键力量，因网络覆盖问题无法有效发挥其应有的作用，进而对乡村振兴的全面推进形成严重制约，使得乡村在与城市的数字化竞争中差距进一步拉大，延缓了城乡一体化发展的进程。

（二）信息化基础设施不足

乡村地区信息化基础设施的匮乏同样不容忽视。相较于城市，乡村在计算机、智能终端设备的配备数量上明显不足，且已有的设备大多存在老化、性能落后的问题。电子支付设施在乡村的布点稀疏，且缺乏有效的维护与技术升级机制。这一系列问题致使乡村居民难以便捷地享受到数字化金融服务所带来的高效与便利。例如，由于缺乏足够的计算机与智能终端设备，许多乡村居民无法及时下载和使用金融机构推出的手机银行应用程序或数字金融服务平台客户端，只能依赖传统的线下金融服务网点办理业务，而这些网点往往距离居住地较远且业务办理流程烦琐。

在金融产品与服务的推广方面，信息化基础设施的不足极大地限制了其覆盖范围。金融机构难以通过数字化渠道将丰富多样的金融产品精准推送给乡村居民，导致乡村地区的金融服务种类单一，无法满足居民日益增长的个性化金融需求。从金融创新的角度而言，缺乏先进的信息化基础设施作为支撑，新的数字金融技术与服务模式难以在乡村落地生根，制约了金融普惠理念在乡村的深度践行，使得乡村金融服务体系难以与城市金融体系实现有效对接与协同发展，阻碍了金融资源在城乡之间的均衡配置与高效流动。

二 农民金融素养较低

(一) 数字金融知识匮乏

在乡村地区，数字金融知识的匮乏构成了数字普惠金融发展的一大瓶颈。相当数量的乡村居民，尤其是老年群体，对数字金融服务的认知近乎空白。他们长期习惯于传统的现金交易与面对面金融服务模式，对于新兴的数字平台及其所承载的金融功能知之甚少。电子支付手段，如移动支付、网上银行转账等，在他们眼中仿佛是复杂而神秘的操作，网上贷款等数字化融资途径更是鲜有人问津。这种对数字金融服务基本原理与操作流程的陌生感和困惑感，使得乡村居民在面对数字金融浪潮时裹足不前。

从宏观层面审视，农民对数字金融服务的低接受度直接导致了金融服务在乡村地区的使用率和渗透率长期处于较低水平。数字普惠金融旨在通过数字化手段将金融服务广泛而深入地覆盖到乡村的每一个角落，以促进乡村经济的繁荣与发展，然而知识的匮乏却严重削弱了其在乡村振兴战略中的实际效能。例如，在农产品销售环节，由于无法熟练运用电子支付和电商平台，农民可能错失更广阔的市场和更高效的交易机会；在农业生产投资方面，对网上贷款等融资工具的不了解使得他们难以获取及时的资金支持来扩大生产规模或引进新技术。

(二) 金融教育不足

当前农村地区金融教育资源的稀缺现状堪忧，其中对普惠金融产品的理解障碍尤为突出。尽管部分金融服务已逐渐渗透到乡村，但农民对诸如贷款、储蓄、保险等基础金融产品的认知与应用能力仍极为有限。农村地区缺乏系统、专业且持续的金融教育体系，无法为农民提供全面深入的金融知识培训。

这种金融教育的不足在实践中产生了诸多负面影响。农民由于缺乏对金融产品的清晰认识，难以依据自身的生产经营状况、家庭财务状况以及未来发展规划精准地选择适配的金融产品。在贷款方面，可能因不了解贷款条款与利率计算方式而盲目借贷，陷入不合理的债务困境，增大负债风险；在储蓄与理财领域，无法充分利用金融工具实现资产的保值增值；在保险方面，对农业保险、人身财产保险等产品的忽视可能使他们在面临自然灾害、意外事故等风险时遭受巨大经济损失，进而错失利用金融产品助力农业生产与生活改善的发展契机，最终对数字金融赋能乡村振兴的整体成效形成严重阻碍，延缓乡村经济社会现代化转型的步伐。

三　数字金融产品设计不合理

（一）产品匹配度差

在数字普惠金融服务乡村振兴的进程中，产品匹配度差成为一个亟待解决的关键问题。当前市场上的数字金融产品主要聚焦于城市用户群体的需求特征进行设计与开发，对于乡村与农业领域的独特性考量严重不足。农业生产具有显著区别于其他产业的特性，其生产周期漫长，从播种到收获往往历经数月甚至跨年，这期间需要持续稳定且规模较大的资金投入以维持生产运营，包括购买农资、支付人工费用等。同时，农业生产面临诸多不确定性因素，如自然灾害、市场价格波动等，导致其信用风险相对较高。

传统数字金融产品在这样的乡村经济语境下显得力不从心，难以精准契合农民与农村企业的实际金融需求。例如，城市导向的小额信贷产品额度与还款周期可能无法适配农业生产的资金需求节奏，农业企业在扩大生产规模或进行农产品加工升级时，难以获取足够额度与合理期限的贷款支持。这种金融产品供给与乡村振兴实际需求的脱节，使得数字普惠金融服务在乡村地区难以发挥其预期的推动经济发展与产业转型的作用，即便有金融资源流入乡村，也可能因无法有效匹配而造成资源浪费，无法真正扎根于乡村经济的土壤，促进农村产业结构优化与升级，进而阻碍乡村振兴战略目标在金融助力维度的有效达成。

（二）金融产品透明度低

部分数字金融产品在面向乡村市场推广过程中，暴露出透明度严重不足的问题。其条款设置极为复杂，充斥着大量专业术语与晦涩难懂的表述，使得农民群体难以理解其中的关键信息。同时，在信息披露方面存在明显缺陷，未能充分向用户清晰阐释产品所涉及的风险与预期收益详情。农民由于普遍缺乏系统的金融知识培训与素养积累，在面对此类复杂且信息不透明的金融产品时，处于极为不利的地位。

他们极易在不知情的情况下遭遇隐性收费陷阱，例如某些金融产品在宣传时以低息吸引用户，但在实际操作过程中却通过各种名义收取额外费用，导致实际融资成本大幅上升；更有甚者，可能陷入高利贷的风险旋涡，使农民背负沉重的债务负担，严重影响其生产生活与经济状况稳定。这种因金融产品透明度低引发的一系列不良后果，会使农民群体对数字金融服务产生强烈的信任危机。一旦信任崩塌，农民将对数字金融产品避之不及，即便有真正优质且适合的金融服务推出，也难以获得他们的认可与接受，从而极大地削弱了数字金融在乡村振兴中本应发挥的积极效能，阻碍了金融资源与乡村经济发展需求的有效对接与良性互动。

四 农村金融机构供给不足

（一）金融机构覆盖面狭窄

在乡村地区，尤其是贫困和偏远地带，传统银行、保险等金融机构网点的稀缺状况极为突出，存在明显的服务空白区域。这些地区往往地理环境相对复杂，交通不便，使得金融机构出于运营成本、经济效益等多方面考量，难以大规模布局实体网点，导致金融服务的触角无法有效延伸至每一个角落。即便当下数字金融服务呈现出蓬勃发展的态势，试图突破地域限制来填补这一服务缺口，但由于缺乏扎根于本地的服务机构以及专业的金融服务人员，仍然存在诸多问题。

本地化服务机构的缺失意味着难以深入了解乡村地区的经济特色、居民金融需求特点以及地域文化差异等关键要素，难以做到量体裁衣式地为乡村居民提供个性化、定制化金融服务。专业人员的匮乏更是让乡村居民在寻求金融服务时，无法获得专业、精准的指导，例如在选择合适的保险产品防范农业生产风险，或者根据自身经营状况申请适配的贷款产品时，往往陷入迷茫。这种服务能力的不足，严重制约了数字普惠金融在乡村落地生根、发挥实效，使其难以真正契合乡村振兴的多元需求，助力乡村经济高质量发展。

（二）金融产品推广不足

尽管从技术层面来看，数字普惠金融蕴含着巨大的发展潜力，能够凭借数字化手段打破诸多传统金融服务的局限，然而在众多乡村地区，特别是那些经济基础相对薄弱的区域，金融机构对普惠金融产品的推广工作却不尽如人意。一方面，推广方式较为单一且缺乏针对性，未能充分结合乡村居民的信息获取习惯、文化水平以及实际需求来制定推广策略，多采用常规的城市推广模式，效果不佳；另一方面，推广投入的资源有限，无论是人力、物力还是财力方面，都不足以支撑普惠金融产品在广大乡村地区形成广泛且深入的宣传效果。

这直接导致乡村居民对普惠金融产品的参与度和认知度处于较低水平，很多居民甚至都不清楚有哪些适合自己的金融产品可供选择，更别说主动去使用了。如此一来，数字普惠金融服务在乡村地区的覆盖范围受限，渗透率难以提升，无法形成有效的金融服务网络来为乡村振兴提供有力支撑，乡村产业发展、农民增收等方面也就难以借助数字普惠金融的力量实现质的飞跃，乡村振兴战略中金融支持这一关键环节的作用也就难以切实显现出来，延缓了乡村经济社会全面进步的步伐。

五　农民信用体系建设滞后

（一）信用信息缺乏

乡村地区信用体系建设的显著滞后，致使农民与农村企业的信用记录普遍呈现出薄弱甚至缺失的状态。相较于城市较为完善的信用数据积累与管理体系，乡村在信用信息的收集、整理、存储与共享等环节均存在明显不足。传统金融机构长期依赖较为完备的信用评估体系来衡量借款人的信用风险，以确定信贷资源的投放规模与价格。然而在乡村，由于缺乏可靠且系统的信用评估机制，金融机构难以获取全面、准确的信用信息，无法对借款人的还款能力、还款意愿以及潜在风险进行精准量化评估。

这一困境直接导致信贷资源在乡村地区的有效供给严重不足。金融机构出于风险控制的考量，往往对乡村信贷业务持谨慎态度，要么收紧信贷额度，要么提高贷款利率，使得乡村居民与企业在获取资金支持时面临重重困难。从数字金融平台的角度来看，由于信用信息匮乏，其基于大数据与人工智能的个性化、精准金融服务模型难以有效运行。无法准确识别低信用群体的风险特征与需求差异，导致这部分群体难以获得适配的贷款支持，进而阻碍了农业生产的扩大与农村产业的升级转型，对乡村经济的整体发展形成了严重制约。

（二）信息不对称严重

金融机构与乡村居民之间存在着较为突出的信息不对称问题。在需求端，众多乡村居民由于长期处于相对封闭的经济与信息环境中，对现代金融服务的种类、功能、申请流程以及潜在风险缺乏深入了解。他们往往局限于传统的储蓄与简单借贷认知，对于新兴的数字金融产品与服务，如网络理财、供应链金融、农业保险创新产品等知之甚少，无法准确表达自身对金融服务的潜在需求。

而在供给端，金融机构尽管拥有丰富的金融产品与服务资源，但由于缺乏对乡村居民生产生活特点、经济周期规律以及消费投资习惯的深入调研与精准把握，难以设计出与乡村实际需求高度契合的金融产品。这种信息的割裂状态使得金融产品在乡村市场的推广与应用面临困境。一方面，金融机构为降低信息不对称带来的风险，不得不增加调查成本、提高准入门槛，这进一步加剧了乡村居民获取金融服务的难度；另一方面，由于产品与需求的不匹配，乡村居民对金融产品的接受度与使用率较低，导致数字普惠金融在乡村地区的普及率与渗透率难以有效提升，无法充分发挥其在乡村振兴中的金融支撑与推动作用，延缓了乡村经济社会现代化进程。

六 金融风险与诈骗问题

（一）金融欺诈行为严重

在乡村地区，金融欺诈行为呈现出越发严重的态势，已然成为数字普惠金融发展道路上的一大隐患。乡村居民大多对数字金融产品缺乏深入且系统的认知，对各类数字平台的运作模式、安全防范要点等了解有限。不法分子恰恰利用这一弱点，将乡村居民视作实施诈骗的“理想”目标，通过虚构投资项目、冒充正规金融机构客服等手段，诱导居民在虚假的数字平台上进行操作，骗取他们的钱财。

随着数字金融产品在乡村范围的逐步普及，打着高收益幌子的非法集资现象以及形形色色的虚假平台也冒了出来。这些非法活动隐蔽性强、欺骗性大，乡村居民往往难以辨别真伪，很容易在不经意间掉入陷阱，致使自身财产安全遭受严重威胁。

从影响层面来看，此类金融欺诈和非法集资等恶劣行为，极大地损害了乡村居民对数字普惠金融的信任。一旦遭遇诈骗事件，居民们便会对数字金融产品心生畏惧，即便面对正规且优质的金融服务，也会持怀疑和抵触态度，这无疑给数字普惠金融在乡村的推广应用设置了重重障碍。而乡村振兴政策的落实，在很大程度上依赖于金融的有力支持，数字普惠金融若无法顺利推广，将会影响到乡村产业发展、基础设施建设等多方面工作的推进，进而阻碍乡村振兴战略目标的全面实现。

（二）金融风险控制不足

数字金融平台凭借其便捷性，为乡村居民提供了诸多便利的金融服务，然而不可忽视的是，它也面临着较高的金融风险挑战。这些风险涵盖多个方面，诸如借款人违约风险，部分乡村居民可能因农业生产受灾、市场行情不佳等因素，无法按时足额偿还贷款；诈骗风险依旧严峻，不法分子时刻觊觎着数字平台的漏洞伺机作案；甚至还可能潜藏系统性金融危机，一旦宏观经济环境出现波动，整个数字金融体系都可能受到波及。

尤其在乡村地区，信息不对称问题较为突出，乡村居民难以全面知晓金融风险的相关信息，而金融机构也较难准确把握居民的实际风险状况。同时，监管机制尚不完善，存在监管空白、监管力度不足等问题，使得金融风险的防范工作难上加难。

这一系列风险所带来的不确定性，首先加重了农民的经济负担，一旦遭遇违约、诈骗等情况，农民可能会陷入债务困境或遭受财产损失。其次，这种不确定性严重抑制了农民参与数字普惠金融的积极性，他们担心自身利益受损，不敢轻易尝试新的金融服务。更为重要的是，它还会影响政府和金融机构对乡村金融服务的信心，使其在推进数字普惠金融工作时变得更为谨慎，投入的资源和精力也可能相应减少，进而从整体上制约数字普惠金融的健康、可持续发展，不利于乡村金融生态的稳定构建以及乡村经济的长远繁荣。

七　政策与法律支持不完善

（一）政策配套不健全

在当前数字普惠金融与乡村振兴协同推进的进程中，尽管国家已在宏观战略层面给予了相应的政策支持，但在具体实施的微观层面，却暴露出诸多政策配套不健全之处。在金融服务方面，缺乏针对乡村地区特殊金融需求的精准政策引导，例如对于农村特色产业金融扶持的专项政策细则缺失，未能明确规定不同规模、不同类型农村企业和农业项目可享受的金融优惠措施、贷款额度范围以及利率补贴标准等，使得金融机构在服务乡村时缺乏明确的操作指引，难以有效开展业务。

在信息安全领域，相关政策未能充分考虑乡村数字金融环境的特殊性，未制定专门针对乡村居民信息安全保护的细化规范。乡村地区网络安全防护基础设施相对薄弱，居民信息安全意识淡薄，在缺乏明确政策要求与监管标准的情况下，数字金融平台在收集、存储和使用乡村居民个人信息时可能存在安全漏洞，容易引发信息泄露风险，威胁居民财产安全与隐私权益。

农民金融教育方面同样存在政策短板，缺乏系统且具有针对性的金融教育普及政策体系。没有明确规定由谁来主导、如何开展、在什么时间周期内完成对乡村居民的金融知识普及教育任务，以及相应的教育经费来源与保障机制等，导致农民金融教育工作缺乏连贯性与实效性，农民难以提升对数字金融产品的认知与运用能力。

这种政策配套的滞后性直接导致数字普惠金融在乡村地区的推广举步维艰。金融机构因政策不明而踟蹰不前，农民因缺乏政策引导与教育支持而对数字金融服务望而却步，难以在乡村形成一个涵盖金融服务供给方、需求方以及监管方等多元主体协同互动、健康有序发展的良好生态环境，严重制约了金融在乡村振兴进程中应有的支撑与推动作用的有效发挥。

(二) 法律保护不充分

伴随数字金融在农村领域的迅猛发展，与之相适应的法律保障体系却未能及时跟进并完善。当前农村金融服务领域的法律框架存在诸多空白与漏洞，尤其在对数字金融平台的监管与农民权益保护机制方面，缺乏统一、权威且具有可操作性的法律规范。对于数字金融平台的市场准入标准、运营资质审核、业务范围界定以及风险防控要求等关键环节，均缺乏明确的法律条文予以约束与规范，致使部分数字金融平台在农村市场无序扩张、野蛮生长，存在诸多不规范经营行为。

从农民金融权益保护的角度来看，由于缺乏完善的法律保障，农民在使用数字金融产品与服务过程中面临诸多权益受损风险。例如，在遭遇金融诈骗、不合理收费、个人信息被非法使用等侵权行为时，农民往往难以依据现有法律寻求有效的救济途径，其合法的财产权、知情权、隐私权等金融权益难以得到充分保障。

这种法律保护的不充分状况，使得农民对数字普惠金融产生了严重的信任危机。他们担心自身在参与数字金融活动过程中，合法权益随时可能受到侵害，却又无法获得有效的法律保护，因此在面对数字金融产品与服务时，往往采取谨慎回避的态度，导致其参与度与使用度大打折扣，数字普惠金融在农村地区难以实现广泛深入的普及与应用，进而阻碍了农村金融市场的健康稳定发展以及乡村振兴战略目标的顺利达成。

第三节　数字普惠金融赋能乡村振兴的实践路径

一　数字普惠金融推动农村产业化发展的具体路径

(一) 大数据驱动的精准融资

通过大数据技术，金融机构可以精准识别农民和农业企业的融资需求，提供定制化的金融产品。通过分析农民的农业种植模式、土地规模、生产收入等数据，为其提供低息或无担保的贷款。金融机构还可以通过分析农业生产的周期性、农产品的市场需求等因素，优化信贷服务，确保资金的及时性和精准性。

大数据驱动的精准融资不仅提升了资金的使用效率，还降低了融资成本，支持农业生产的稳定增长，推动农村产业化发展。

（二）数字支付平台的普及与应用

推动农村地区移动支付的普及，尤其是智能手机的普及，使得农民能够方便快捷地使用支付宝、微信等支付工具进行交易。这些平台不仅支持日常的消费支付，还为农民提供了方便的金融服务，如转账、储蓄、理财、贷款等。

数字支付平台的普及降低了交易成本，提高了资金流转效率，打破了农产品交易的时空限制。农民和农村企业能够更便捷地进行资金结算、支付和融资，进一步提升农村产业的市场化水平。

（三）农村电商与供应链金融

结合农村电商平台和供应链金融服务，推动农产品的在线销售和产业链的整合。金融机构可以为农民和小微企业提供基于订单、合同等的供应链融资，支持农民购种、采购农资等方面的资金需求。通过线上商城、农产品溯源系统等手段，提高产品的市场认知度和销售渠道。

供应链金融模式能够为农业生产提供资金支持，电商平台推动农民与消费者、企业之间的直接对接，实现销售收入的增加。同时，供应链金融也帮助小微企业增强了资金流动性，推动了农村产业化的发展。

（四）金融科技赋能农村小微企业

金融科技为农村小微企业提供便捷的融资途径，如无担保贷款、信用贷款、微型贷款等。通过互联网平台，农民和小微企业能够迅速获得资金，并将这些资金用于产业化发展，提升生产力和市场竞争力。

金融科技为农村小微企业提供了便捷的融资方式，帮助其扩大生产规模、提升技术水平，推动了农业产业化的进程。这不仅促进了农业现代化，还增加了农民的收入来源。

二 数字普惠金融改善乡村民生福祉的具体路径

（一）推动普惠金融教育与金融素养提升

开展针对农村居民的金融知识普及活动，提升农民的金融素养，帮助他们理解如何使用金融工具（如贷款、储蓄、保险、投资等），以及如何合理规划个人和家庭财务。通过线上课程、现场讲座、金融咨询等方式，帮助农民打破对金融工具的认知障碍，增强其理财能力和金融安全意识。

提高金融素养能够帮助农民更好地理解数字金融产品，做出更理性的金融决策，避免因信息不对称而导致的金融风险，提升他们的财务管理能力和风险防范意识，从而有效改善乡村民生。

（二）加强农村支付和结算体系建设

继续扩展数字支付系统，确保农村地区的金融支付平台广泛覆盖，使农民能够方便、快捷地完成支付、转账等基本金融操作。此外，可通过数字支付平台向农村地区提供公共服务缴费、教育费用支付、社保基金缴纳等服务。

通过完善的支付系统，农村居民的日常生活更加便利，公共服务的支付更加顺畅，促进了经济活动的高效运转。支付和结算的便利性不仅提升了乡村居民的生活质量，还促进了经济发展，进一步释放了市场活力。

（三）发展农村小额信贷与微型保险

数字普惠金融可以进一步加强对农村小额信贷和微型保险的推广，针对农民的贷款需求提供低利率、低担保门槛的金融产品，帮助农民获得资金支持，用于农业生产、生活改善等。同时，推动农村微型保险的普及，使农民在面临自然灾害、健康问题等突发情况时能获得基本保障。

小额信贷帮助农民解决了生产和生活中的资金短缺问题，增强了农业生产的稳定性和可持续性。微型保险则提高了农民抵御风险的能力，减少了突发事件对其生活水平的影响。

（四）促进农村电商与市场接入

通过数字普惠金融，推动农村电商平台的建设，帮助农民将产品直接销售到市场。金融服务平台为农民提供流动资金，支持其采购种子、农资，扩大生产，提升产品质量。此外，金融平台还可以为农民提供农业金融产品的支付支持，简化交易流程，推动农产品的流通。

电商平台的推广让农村居民能够直接接触到更广阔的市场，增加了农民的收入。通过金融服务的支持，农民能够扩大生产规模，提高农产品附加值，进一步改善其经济状况和生活质量。

（五）数字金融推动农村社会创新

通过数字普惠金融服务的创新，鼓励农村社会创新，如发展乡村旅游、农业合作社、农村合作金融等。金融机构可以为乡村社会企业提供贷款、投资支持，帮助他们实现市场化运营。

社会创新项目为农村居民创造了更多的就业机会和收入来源，推动了农村经济的多元化和可持续发展。通过数字金融的支持，乡村的社会企业得以快速成长，带动了地方经济的发展，进一步提高了农民的生活水平和幸福感。

三 数字普惠金融助力乡村生态环境保护的路径

（一）发展绿色金融服务

1. 绿色贷款和低利率金融产品

通过数字普惠金融平台推出专门针对环保项目的贷款产品，如绿色贷款、环保项目融资等。这些贷款可以为农民和农村小微企业提供资金，帮助他们实施生态农业、可再生能源项目、废物处理和水土保持等环保措施。

降低绿色项目的融资成本，提高乡村生态保护项目的可行性。农民和农村企业能通过这些低利率贷款支持环保项目的开展，减少对环境的负面影响。例如，农民可以使用绿色贷款购买环保设备或推广有机农业，从而减少农业生产过程中的化肥和农药使用，保护土壤和水源。

2. 绿色债券和绿色投资基金

推出面向乡村的绿色债券和环保项目投资基金，通过数字平台让投资者可以支持乡村的环保项目或绿色企业。投资者可以通过这些绿色金融工具直接参与乡村生态环境保护项目的资金支持。

吸引社会资本流入乡村绿色项目，推动环保设施和绿色产业的建设与发展。通过绿色债券和基金，乡村的环保项目能够获得长期稳定的资金支持，从而加速绿色转型和生态恢复。

（二）推动绿色农业和可持续发展

1. 支持生态农业和有机农业发展

通过数字普惠金融平台为农民提供绿色农业贷款，支持其开展有机农业、生态农业、低碳农业等环境友好型农业生产模式。贷款可以用于购买节水灌溉系统、环保农机、有机肥料等，促进农业生产的绿色转型。

推动农业生产方式的转型，提高农业生产的可持续性，减少对自然资源的过度消耗和环境污染。农民可以通过获得的资金改进种植技术和生产设施，实施更环保的农业方法，从而提高土壤质量，保护水源和生物多样性。

2. 发展循环农业和农业废物处理

数字普惠金融支持农村发展循环农业和农业废物处理技术，提供贷款和投资支持。例如，农民可以通过贷款购买废物处理设备，推动农业废弃物的回收利用，减少对环境的污染。

通过循环农业的实施，不仅能提高资源利用效率，还能减少农药、化肥的使用，降低农业生产中的废弃物排放。同时，农业废物的回收和处理技术有助于减少对土壤和水源的污染，推动乡村环境保护。

（三）创新农业保险和环境风险管理

1. 环境风险保险产品

数字普惠金融平台可以推出专门的环境风险保险产品，帮助农民抵御自然灾害、气候变化等环境风险。例如，气候灾害保险、土壤污染保险、农业灾害保险等。这些保险可以为农民在遭遇极端天气或自然灾害时提供经济补偿，减少环境风险对农业生产的负面影响。

减少农民因环境风险带来的经济损失，提高其应对自然灾害和环境变化的能力，使农民更加有信心投资环保项目。保险产品为农民提供了风险转移机制，降低了他们投资生态农业和环保项目的风险。

2. 绿色保险和气候变化适应性

推出与气候变化相关的保险产品，帮助农民抵御因气候变化引发的灾害风险，如洪水、干旱、台风等。这些产品可以通过数字普惠金融平台在线购买，方便快捷。

绿色保险能够提高乡村对气候变化的适应能力，帮助农民应对气候异常带来的经济损失，从而减轻生态灾害对乡村生产和生活的冲击，支持农民实现更为稳定的生产环境。

（四）促进绿色消费和乡村绿色转型

1. 绿色消费贷款

数字普惠金融平台可以为农民提供绿色消费贷款，支持其购买绿色产品，如节能家电、太阳能设备、电动交通工具等。这些消费贷款为农民提供了便捷的资金支持，促进绿色消费的普及。

绿色消费贷款可以促使农村居民增强环保意识，推动绿色消费市场的发展。购买节能、环保产品有助于降低乡村的能耗和污染物排放，减少对自然资源的依赖，从而有助于乡村生态环境保护。

2. 支持绿色产业投资

数字普惠金融可以为投资者提供支持绿色产业的投资产品，例如绿色基金、绿色股权投资等，鼓励投资者将资金投入到环保企业和绿色产业项目中。通过数字平台，农村绿色产业的融资途径得到了拓展。

资金的引入可以推动绿色产业的创新和发展，特别是在乡村地区的清洁能源、生态农业、环保技术等领域。通过这些投资，乡村能够加速绿色产业的形成，实现经济发展与环境保护的双赢。

（五）加强绿色技术和环境保护技术的推广

1. 推动绿色技术创新和应用

数字普惠金融平台可以为农民提供绿色技术贷款，支持绿色技术的研发和应用，例如节水灌溉、土壤修复技术、农业废弃物处理等环保技术。同时，可以提供相关技术培训，帮助农民提高环保技术的应用能力。

通过资金支持和技术推广，农民可以更容易地采纳先进的环保技术，减少传统农业生产模式对环境的负面影响。绿色技术的应用不仅提高了农业生产效率，还减少了污染物排放，促进了乡村的生态恢复。

2. 数字化农业管理平台

通过数字普惠金融平台，推动农业管理数字化和信息化。通过物联网、大数据分析等技术，农民可以实时监控农业生产环境，精确管理水资源、肥料和农药的使用，减少浪费和污染。

数字化农业管理不仅提高了农业生产的效率和可持续性，还能实时监测农业生产对环境的影响，减少资源浪费，保护土壤、水源等生态环境要素。

（六）加强农村环境保护意识和教育培训

数字普惠金融平台可以通过在线教育、技术支持和金融服务，向农民传递环保理念和绿色发展的重要性。例如，农民可以通过线上平台获得环保农业的培训资料，学习如何在生产过程中减轻环境负担。

提升农民的环保意识和绿色发展理念，使其能够在生产中自觉采用环保措施，如减少化肥农药使用、推行生态种养、合理利用水资源等。这种意识的提升促进了乡村环境的保护和可持续发展。

四　数字普惠金融促进乡村治理现代化的路径

（一）推动经济治理的现代化

1. 数字化资金流动与资源配置

数字化资金流动与资源配置为乡村经济发展提供了更加高效和精准的解决方案。通过数字平台，乡村地区的金融服务得以普及，资金流动变得更加透明和便捷，农民和农村企业可以实时获取所需资金，减少了传统金融体系中存在的信息不对称和时间延迟问题。这种高效的金融服务不仅提供了农业生产的资金支持，还促进了乡村企业的发展与创新，优化了资源配置，提高了资金的利用效率。

政府可以借助数字普惠金融平台，构建乡村经济监控系统，利用大数据分析对资金流向、项目进度和资金使用情况进行实时监管。通过这一系统，政府能够即时掌握各项扶贫和发展项目的执行情况，及时发现潜在问题并加以解决，防止资金浪费和腐败现象的发生。同时，数字化监管也提高了治理的透明度，增强了农民对政府的信任，促进了社会治理的现代化，为乡村振兴提供了更加有力的支持。

2. 精准扶贫与社会福利分配

数字化手段的应用为精准扶贫和社会福利政策的实施提供了强有力的支持。通过大数据、人工智能等技术，政府可以更加精准地识别贫困群体和弱势群体，确保社会福利和扶贫政策的准确到位。这些技术能够对不同群体的经济状况、教育水平、健康状况等多个维度的数据进行实时监测与分析，从而形成精确的画像，帮助政府更好地了解贫困家庭的实际需求，制定个性化的扶贫措施。

数字普惠金融在精准扶贫中发挥着重要作用。通过信用评分和数据分析等工具，政府能够识别贫困地区居民的信用状况，从而为他们提供低息贷款、财政补贴、扶贫保险等金融产品。这些金融产品不仅能够帮助农民提高生产水平，增加收入，还能促进当地经济的可持续发展。比如，通过低息贷款支持农民购买先进的生产设备，提升农业生产效益；通过扶贫保险保障农民在遭遇自然灾害时的基本生活，减轻其经济压力。

精准扶贫不仅能够有效提高贫困群体的收入水平，缩小贫富差距，还能够通过提高社会福利的分配效率，减轻社会不平等，促进社会公平。此外，数字技术的应用还能促进乡村社会治理的现代化，使治理更加透明、高效、公正，从而增强农民对政府的信任，推动乡村治理的全面发展。

（二）推动社会治理的现代化

1. 加强社会信用体系建设

加强社会信用体系建设是推动乡村振兴和社会治理现代化的

重要手段。数字普惠金融通过建立信用评分体系，使乡村社会信用变得更加透明和可追溯。乡村居民和农村企业的信用记录可以通过数字化手段进行实时管理，避免了传统信用评估中存在的信息不对称，减少了信用欺诈和恶意违约现象。这种透明的信用体系有助于提升乡村社会的信任度，增强社会成员之间的合作精神。

通过数字平台，金融机构能够对乡村居民和企业的金融行为进行详细评估，基于他们的信用状况推出符合其需求的金融产品。例如，信用良好的农民可以更容易地获得低利率贷款，用于发展农业生产或拓展商业活动，而信用较差的农民则可能需要提供更多担保或接受较高利率的贷款。这种基于信用的金融服务体系，不仅帮助农民获得必需的资金支持，还推动了乡村经济的稳步发展。

此外，信用体系的完善还能够促进乡村治理的规范化、法治化和透明化。它增强了社会契约精神，促进了公平、公正的治理环境，减少了因信息不对称导致的社会矛盾和冲突。通过信用体系的建设，乡村居民在参与社会事务时更加遵循规则，从而推动乡村治理的法治化进程。加强社会信用体系建设，将为乡村振兴提供更为坚实的制度保障。

2. 提升社会服务的数字化与智能化

提升社会服务的数字化与智能化是推动乡村振兴和改善乡村居民生活质量的重要途径。数字普惠金融平台的广泛应用，使得乡村政府能够更加精准地提供各类社会服务，特别是在教育、医疗、养老等领域。借助大数据、云计算和人工智能等技术，政府能够基于每个居民的具体需求，定制个性化的社会保障措施，扩大服务的覆盖面和提升质量。

例如，政府可以通过数字平台提供精准的教育补助，确保教育资源能够根据家庭经济状况和其子女的学习需求进行分配。这种方式不仅能提高教育资金的使用效率，还能帮助贫困家庭的子女获得更多教育机会，缩小城乡教育差距。医疗方面，数字平台可以实现在线咨询、预约挂号、远程诊疗等服务，使得乡村居民能够便捷地获取医疗资源，尤其在医疗资源匮乏的地区，数字化医疗服务能够有效弥补医疗资源的不足，提升医疗服务的可及性和质量。

此外，数字平台还可以作为政府与居民之间的重要沟通桥梁，政府可以通过平台进行政策传播，及时发布最新的福利政策或法律法规，同时收集居民反馈，提升社会管理的效率与响应速度。通过这些智能化手段，不仅优化了公共资源的配置，还提高了乡村居民的幸福感和获得感，进一步推动乡村社会治理向智能化、精细化方向发展。

（三）推动环境治理的现代化

1. 绿色金融支持生态保护

绿色金融作为推动可持续发展的重要工具，在乡村生态保护和环保项目融资方面具有巨大的潜力。数字普惠金融平台通过提供绿色金融产品，能够为乡村环保项目的实施提供必要的资金支持，推动农村生态恢复和环境保护。例如，乡村可以通过绿色贷款、绿色投资基金等金融工具，支持如水土保持、生态农业、绿色能源等环保项目。这些项目不仅能有效改善乡村的自然环境，还能推动绿色经济的发展，实现经济与生态的双赢。

政府和金融机构可以借助数字普惠金融平台，专门为乡村的生态保护项目提供低利率贷款或资金支持，降低农村地区环境保护项目的融资成本。同时，数字平台能够实时监控项目的进展和资金流向，确保项目按照既定目标和标准实施。通过数字技术的监管，确保资金的高效使用，减少资金滥用和浪费现象，提升项目的执行效果。

此外，绿色金融的推广有助于推动乡村经济从传统的资源消耗型向绿色低碳型转型，促进生态友好的农业和能源模式的普及。乡村在实现生态保护的同时，也能发展绿色产业，提高农民收入，带动当地经济可持续增长。通过绿色金融的支持，乡村不仅能有效改善生态环境，还能推动生态文明建设，有力保障乡村治理的可持续性。

2. 数字化环保监管与数据共享

数字化环保监管与数据共享为乡村环境保护提供了新的治理模式。通过物联网、大数据等先进技术，乡村政府可以实现对生态环境的实时监控，精准掌握空气质量、水源状况、土壤健康等重要指标。这些数据的实时收集与共享，不仅提高了环境监测的覆盖面和精度，还能够及时发现潜在的环境问题，为政府提供决策支持，确保能够快速响应和采取有效的治理措施。

例如，通过物联网技术，乡村地区的空气质量监测设备、地下水位传感器等能够实时采集数据，传输至数据中心，经过大数据分析后，政府部门可以清晰地了解环境问题的趋势和严重性。这样，乡村政府能够及时采取措施，如调控污染源、实施环境保护法规等，防止环境问题恶化。

同时，数字普惠金融平台为环保项目提供了便捷的融资支持。通过绿色金融产品，政府和金融机构可以为乡村生态保护项目提供低息贷款或资金补贴，支持乡村地区绿色转型。资金的合理流动和高效使用，不仅加速了环保项目的实施，还促进了乡村经济向绿色低碳方向发展。

通过数字化技术与数据共享的结合，乡村的环境治理将变得更加智能化、精准化。实时监控和快速响应机制提升了环境保护的效率，也推动了乡村经济、社会与环境的协调发展。乡村地区在实现生态环境保护的同时，还能促进可持续发展，打造出宜居、宜业的绿色乡村。

（四）促进乡村治理的智能化与数字化

1. 智能化的乡村治理平台

智能化的乡村治理平台是数字普惠金融在乡村治理中的重要

应用之一。通过数字化和平台化的方式，政府可以构建起更加高效、透明、互动的治理体系，极大地提升乡村治理的现代化水平。例如，政府可以通过数字平台发布政策、征集居民意见、提供在线政务服务等，确保乡村居民能实时获取政府信息和公共服务。平台的开放性与透明性，不仅让居民能够更直接地参与乡村治理，还能增强社会各界对政府工作的信任。

通过数字普惠金融平台，乡村居民能够更加方便地享受政务服务，包括在线申请社会福利、查询政策信息、办理各类行政手续等。同时，居民也可以通过平台向政府反馈意见、提出建议，甚至参与政策制定的讨论和改进。这种数字化、智能化的服务模式促进了政府和居民之间的信息流动与互动，使得政府决策更加贴近民意、更加及时和精准。平台上的实时数据和反馈系统也为政府提供了动态的决策支持，能够根据居民需求和问题进行快速响应和调整。

这种智能化平台不仅提高了政府的工作效率和响应速度，还促进了乡村治理的透明度和民主性，使得乡村治理过程更加公开、公平、透明。通过数字化手段，乡村治理能力和治理方式的转型得到了有效推动，逐步实现了更高效、智能的乡村治理体系。数字普惠金融平台在此过程中不仅提供了基础设施支持，还进一步促进了乡村经济的数字化转型，使得乡村在迈向现代化的过程中，能更好地融入数字经济的发展潮流。

2. 数据驱动的精准治理

数据驱动的精准治理是数字普惠金融在乡村治理中的核心优势之一。通过数字化平台积累的大量数据，乡村治理能够更科学地进行决策。例如，通过分析乡村居民的消费、收入、教育、健康等数据，政府可以深入了解各类社会群体的需求和困境，从而制定更为精准的政策，解决贫困、教育、医疗等社会问题。

数字普惠金融平台通过整合和分析乡村居民的经济和社会数

据，能够帮助政府识别出特定群体的需求，例如贫困家庭、失业人员或低收入群体。结合大数据分析技术，政府可以为这些群体提供定制化的支持措施，如精准扶贫贷款、教育补助、医疗保险等，确保资源的合理分配，提升政策的实效性。

此外，数据驱动的精准治理还能够加强乡村资源的高效配置。通过实时监测和数据分析，政府能够及时发现乡村社会管理中的瓶颈问题，做出快速调整，避免政策资源的浪费。政府也能通过平台对各项政策的实施效果进行追踪与评估，优化政策设计和执行方案，提高决策的科学性和精准性。

这一数据驱动的治理模式不仅提高了政策实施的针对性和有效性，还推动了乡村治理的现代化，使得乡村社会问题的解决更为高效，进一步促进了乡村的可持续发展。

（五）促进乡村民主与治理参与

1. 增强居民参与感和责任感

数字普惠金融平台不仅为乡村居民提供便捷的金融服务，还为他们创造了参与乡村治理的机会，进而增强了他们的社会责任感和参与感。通过数字平台，居民可以参与到乡村治理的决策过程中，例如，通过在线投票、参与社区活动、表达对政策的意见和建议等。这种参与不仅增强了居民的政治参与意识，也促使他们更积极地关注和参与到地方发展的各项事务中。

政府可以利用数字普惠金融平台向居民及时推送政策信息、组织意见征集、举办线上投票等互动活动。这种反馈机制能够有效地了解居民的需求和问题，使政策制定更加贴近民意，同时增强政策的透明度和社会认可度。居民的意见和建议可以帮助政府更精准地调整和优化治理措施，提高决策的科学性和民主性。

通过数字平台的互动功能，乡村治理的社会化和民主化得到推动。居民既是政策的受益者，也成了治理过程中的参与者和监督者。这种双向互动的治理模式，不仅提升了居民的参与感和责任感，还加强了社会凝聚力，推动了乡村社会的共同发展和和谐进步。

2. 加强村民自治与社会组织建设

数字普惠金融为乡村的村民自治和社会组织建设提供了强大的支持，推动了基层治理模式的创新与发展。通过数字平台，政府可以为乡村社区和社会组织提供资金支持、项目资助以及信息共享服务，增强社会组织在乡村治理中的作用，促进基层民主治理的提升。这些平台不仅提供资金和资源的流动，还能有效地将政策信息、治理知识和技术服务传播到最基层，使社会组织能够更好地参与到乡村治理的各个环节。

通过数字普惠金融平台，政府能够直接向乡村社会组织提供运营资金和项目支持，鼓励村民自主组织，参与到乡村治理中。例如，村民可以利用平台组织扶贫项目、环境保护活动、文化建设等，提升其自治能力和集体行动力。与此同时，社会组织也能够通过平台获取更多的社会资源与信息，增强其在社会治理中的影响力和执行力。

此外，数字普惠金融还推动了村民与社会组织之间的有效互动，帮助他们更加高效地合作，推动基层治理的社会化和参与化。这种模式既增强了村民的自治能力，也提升了社会组织的治理效能，从而推动了乡村治理的民主化水平，促进了乡村社区的长期可持续发展。

第四节　数字普惠金融助力乡村振兴的实践案例
——以河北省为例

一　河北省数字普惠金融助力乡村振兴的实践

河北省是中国的人口大省和农业大省，受周边经济发达城市的"虹吸效应"影响，河北省乡村地区人才流失问题突出，农村人口逐渐减少，出现了一定程度的"空心化"，从而制约了乡村经济的发展和乡村振兴的推进，其农业农村现代化发展刻不容缓。数字普惠金融能够克服金融服务传统金融模式的时空限制，提供涵盖支付、贷款及保险等方面的金融服务，推动乡村居民更加高效地获取金融资源，促进城乡金融发展差异的缩小。同时，数字金融能够有效推动农村电子商务与农产品供应链等新兴商业模式发展，优化农村产业结构，促进农村就业，助力农民增收，促进城乡融合发展，推动乡村全面振兴。

（一）河北省数字普惠金融助力乡村振兴建设的现状

河北省数字普惠金融助力乡村振兴发展的现状呈现出积极向上的态势。近年来，得益于宏观政策调控和数字基础设施的持续完善，河北省数字普惠金融发展逐步向好。依托互联网数字技术，数字普惠金融的覆盖范围在该省不断扩大，服务效果也显著提升。2024 年中央一号文件提出"发展农村数字普惠金融"，河北省积极响应，采取多项措施推动数字普惠金融在乡村地区的普及和应用。

从金融服务覆盖范围来看，数字普惠金融的普及打破了传统金融服务的区域限制。随着数字金融的兴起，河北省的金融服务开始通过互联网和移动端渗透到乡村地区，移动支付和数字贷款等服务的普及大大扩展了金融服务的覆盖范围。村民可通过智能手机完成日常的支付、转账、贷款申请等操作，乡村的小微企业、合作社及个体农户也能通过数字金融平台获得融资，解决资金周转困难。这样的普及既减少了中间成本，也提升了金融服务效率。

从乡村经济数字化转型来看，随着电子商务和互联网技术的深入发展，河北省越来越多的农产品可通过数字平台进行交易，交易过程更加透明、便捷，同时大幅减少了中间环节，降低了交易成本。农民通过数字金融工具能更高效地管理资金流转，获得实时的市场信息，调整生产和销售策略。智慧农业的发展也得益于数字金融支持，农户可利用无人机、物联网、区块链等技术进行精准农业生产。

从村民的创新创业意识来看，数字金融为乡村创新创业提供了强有力的支持。多元数字金融模式为乡村创业者提供了多样化的融资选择，可帮助其解决资金难题，推动乡村产业的多元化及创新创业活动的蓬勃发展。

此外，河北省还出台了一系列政策文件，如《河北省健全金融支农服务机制工作方案》等，着力破解金融服务乡村振兴的难点堵点，撬动更多金融资源投向农业农村。各金融机构也要加强信贷专属产品研发力度，针对乡村振兴重点帮扶县的特色主导产业，量身打造特色金融产品，满足农户信贷需求。同时，深入开展中小微企业能力提升工程，推动"敢贷愿贷能贷会贷"长效机制建设，鼓励金融机构创新推出免抵押担保、随借随还等便捷性贷款产品。

（二）河北省农村地区数字普惠金融发展面临的问题

河北省数字普惠金融在助力乡村振兴发展方面已经取得了一些进展，但仍面临一些挑战和问题。

1. 金融产品及服务供需不匹配

虽然出现了诸如邮储银行"冀农担"、人保财险公司"农产品成本价格险"等服务于特定农户的优秀产品，但这类产品开发并不充分，且同质化严重。目前，河北省农村普惠金融创新多为生产型信贷服务，缺乏享受型信贷服务，不能满足农村市场的多样化需求。同时，许多金融机构看重商业投资，而小额贷款利润高风险大，不能满足其以营利为目的的要求。加之农村地区贷款存在着借款人诚信度不高、还款能力较差、贷款收回难等风险，降低了金融机构将大量信贷资金投放在农村地区的积极性，极大地阻碍了农村地区贷款业务的发展。

2. 金融科技创新驱动力不足

普惠金融创新在制度和技术方面仍不完善，金融服务程序依旧复杂，金融监管体系仍不完善，导致现代信息技术优势发挥效果不佳，线上普惠金融的落地效应不明显。河北省金融科技与地方产业特色未能很好地结合，难以实现金融产品和服务的多样化和实用性，不能满足河北金融行业的需求。此外，河北省数字普惠金融创新的深度和广度还不够，数字金融产品和服务的发展还处于初级阶段，且农村普惠金融创新对系统性风险高度敏感。

3. 农村居民金融素养及数字素养欠缺

大多数农村居民尚不熟悉普惠金融的理念，不能依托普惠金融进行金融交易，这限制了数字普惠金融在农村地区的推广和应用。同时，数字鸿沟问题突出，伴随城镇化进程出现乡村空心化、老龄化现象，导致农户获取、掌握和使用信息技术能力有限，数字信息技术应用普及程度和接受程度低于城镇地区。

4. 潜在风险较高

小微企业平均寿命短，贷后管理困难。为了获得信贷资金，企业互相担保和担保圈链问题普遍存在，如果发生变故极易使地区或行业风险扩散到整个经济系统。同时，农民的数字化操作能力和综合素质薄弱，在数字化金融交易过程中，容易出现偷盗存款、无端卷入高利贷等问题；且为农村提供信贷的金融企业多为小型的当地机构，自身实力的缺陷也造成其对地域网络攻击抵御能力的低下。

（三）数字普惠金融助力河北省乡村振兴发展的实现路径

1. 构建覆盖城乡的金融基础设施体系

河北省应强化新型基础设施投入力度，大力发展互联网、大数据、人工智能等数字技术，打造高速畅通的信息数据通道，为数字金融提供坚实基础。同时，鼓励科技企业加大数字金融系统软硬件研发和应用，提供可靠安全、易于使用的数字金融服务平台，并积极培育第三方支付机构等新型金融中介机构，不断完善覆盖全省的数字金融基础设施体系。

2. 创新数字普惠金融产品和服务模式

数字普惠金融企业应针对河北省乡村地区的金融需求，创新产品和业务模式。例如，可以设计便于操作的小额信贷手机 App，实施"在线申请、智能审批、快速放款"的全流程线上服务，让农户轻松获得生产生活所需资金。此外，还可以利用乡村种植、养殖等特色产业链和流通环节数据，进行精准的风控反欺诈，为农产品生产者和消费者双方都提供定制化金融产品与服务。

3. 共建新型智慧乡村金融生态体系

政府与相关行业可以协作共建，推动数字普惠金融在乡村地区的深入发展。例如，政府相关部委可以牵头组建专业化的智库和大数据分析中心，系统开展乡村金融数据建模运用，提升产业政策制定的前瞻性。同时，鼓励高校院所和科技企业参与相关技术与模式的研发应用，打造乡村金融公共服务平台。另外，制定扶持政策，引导和规范银行及互联网金融企业提供差异化乡村金融产品，形成技术、数据、资金和监管等多方协同共生的开放式乡村金融生态圈。

4. 加大财政资金和政策支持力度

为加快数字普惠金融在乡村的推广应用，河北省可以成立"乡村振兴金融发展基金"，加大财政资金、税收等方面的政策支持力度。例如，给予数字普惠金融企业定向资金补贴，鼓励其加大在基础设施建设、业务开拓、技术创新等方面的投入；给予在指定区域和特定客户群体开展业务的数字金融企业税率减免和手续费补贴，降低其在偏远地区运营的风险与成本；简化金融企业乡村业务准入许可和审批流程，降低监管壁垒，提高政策透明度与可操作性。

5. 推动数字普惠金融业态加速创新与发展

鼓励银行与第三方支付公司战略合作，共建移动银行等综合金融服务平台；支持银行与电商、物流、通信等互联网企业开展跨界联合，创新场景金融等产品，拓展农村客户群；引导银行利用大数据和云计算等数字技术，实现风控、审批、客户管理等内部流程智能化升级，降低运作成本和风险。

6. 加强数字普惠金融人才培养和引进

河北省应加强与高校和行业单位的合作，设置数字普惠金融和乡村振兴相关专业方向，培养更多复合型人才。同时，加强乡村客户的普惠金融知识培训，提高其运用数字工具获得金融服务的意识，扩大服务对象。

通过以上这些措施的实施，数字普惠金融将能够更好地助力河北省乡村振兴，为加快建设经济强省、美丽河北提供坚实的金融支持。

二　河北省数字普惠金融助力乡村振兴的成功案例

（一）唐山银行"板栗贷"

唐山市，特别是迁西县，拥有得天独厚的板栗生长条件，板栗栽培面积广，产量高，是全国重要的板栗产区。为全面推进乡村振兴，支持板栗产业发展，唐山市金融机构结合当地产业特色，创新推出了专属普惠贷款产品——"板栗贷"。唐山银行"板栗贷"专为板栗种植户、收购商等农业经营主体发放，用于板栗种植、收储、加工、销售等全产业链的资金需求，旨在通过数字金融的力量，为板栗产业注入新的活力。该产品无须担保或抵押，降低了贷款门槛，根据农户和企业的实际需求，提供较高的贷款额度，并设定合理的贷款期限，确保资金能够满足板栗产业的生产经营周期。在利率上，金融机构为"板栗贷"提供优惠的贷款利率，降低了融资成本，提高了农户和企业的盈利能力。

同时，贷款申请流程简便快捷，金融机构通过优化审批流程、提高审批效率等方式，确保贷款资金能够迅速到位。

基于该品高效、便捷等特点，在迁西有许多板栗种植户和合作社通过申请"板栗贷"获得了资金支持。例如，迁西县五哥板栗专业合作社负责人李桂金在板栗收购旺季面临资金短缺时，通过唐山银行的"板栗贷"迅速获得了250万元的贷款支持，帮助她抓住了宝贵的商机。同样，迁西县上营村的刘文杰也通过邮储银行的"板栗贷"获得了165万元的贷款支持，用于板栗的收购和加工。

"板栗贷"的推出为板栗产业提供了有力的金融支持，推动了板栗种植、加工、销售等环节的协同发展。通过提供贷款支持，帮助板栗种植户扩大种植规模、提高产量和质量，从而增加农民收入。同时，"板栗贷"作为金融支持乡村振兴的重要举措之一，通过支持板栗产业发展，带动了乡村经济的整体繁荣。随着唐山市板栗产业的不断发展壮大，"板栗贷"将继续发挥重要作用。金融机构将进一步优化贷款产品和服务方式，提高贷款的可获得性和便利性，为更多板栗种植户和企业提供金融支持。同时，政府也将继续加强政策引导和扶持力度，推动板栗产业实现更高质量的发展。

（二）张家口银行"大棚贷"

"大棚贷"是张家口银行为支持果蔬大棚种植产业发展而推出的一款特色贷款产品。该产品具有专属定制、信用贷款、灵活便捷、优惠利率等特点和优势。通过这一产品，张家口银行为众多果蔬大棚种植农户提供了精准、有效的金融支持，推动了当地果蔬大棚种植产业的快速发展。张家口银行针对农户面临的市场稳定性差、还款来源难以保障等实际问题，而推出的一款创新贷款产品。该产品具有申请门槛较低，申请流程简捷等特点，无须担保或抵押，以信用方式发放，贷款额度根据农户的实际需求确定，贷款期限也相对灵活，以满足不同农户的资金需求。同时，"大棚贷"提供优惠的贷款利率，降低了农户的融资成本。

在张家口银行的推动下，"大棚贷"在多个地区取得了显著成效。例如，在衡水市饶阳县，"大棚贷"成功支持了众多果蔬大棚种植农户，实现了涉农贷款投放数千万元。这些资金有效提升了农户的生产能力和市场竞争力，推动了当地果蔬大棚种植产业的快速发展。同时，"大棚贷"还促进了产业链上下游的协同发展。通过与农业合作社、农产品加工企业等建立紧密的合作关系，张家口银行为这些企业提供了信贷支持，推动了产业链的延伸和升级，提高了农产品的质量和竞争力。

未来，张家口银行将继续深耕三农领域，瞄准地方特色产业持续发力。该行将不断优化"大棚贷"产品和服务方式，提高贷款的可获得性和便利性。同时，该行将加强与政府、农业部门及产业链上下游企业的合作，共同推动果蔬大棚种植产业的持续健康发展。

以上案例展示了河北省在数字普惠金融助农方面的积极探索和显著成效。通过创新金融产品和服务方式，河北省金融机构为乡村地区提供更加便捷、高效的金融服务，推动了乡村产业的发展和农民的收入增长。

参考文献

白志红：《数字化时代普惠金融发展新探》，吉林大学出版社 2019
年版。

曹杰：《数字金融理论与实践研究》，中国商务出版社 2023 年版。

曹志鹏：《互联网金融理论与发展研究》，吉林大学出版社 2017
年版。

陈加民：《数字普惠金融发展与区域技术创新水平提升研究》，厦
门大学出版社 2024 年版。

褚红素、黄文君、郑虹：《金融治理与金融伦理》，立信会计出版
社 2021 年版。

邓金钱：《从贫困治理到乡村振兴的中国理路研究》，兰州大学出
版社 2024 年版。

丁杰：《金融科技学》，北京理工大学出版社 2023 年版。

范亚莉、覃朝晖：《金融科技理论与实践》，吉林人民出版社 2021
年版。

房茜茜、赵强、李景航：《数字金融产业创新发展研究》，吉林人
民出版社 2021 年版。

高彦彬：《中国普惠金融的架构、缺陷与对策》，黑龙江人民出版
社 2016 年版。

郭峰：《央地关系视角下的数字金融发展模式与监管体制》，上海
财经大学出版社 2021 年版。

郝晋辉：《中国普惠金融可持续性研究》，厦门大学出版社 2019 年版。

侯新烁：《数字赋能乡村产业振兴与智慧农业发展》，湘潭大学出版社 2022 年版。

江映霞：《数字金融与产业转型发展》，中华工商联合出版社 2023 年版。

李建伟：《普惠金融发展与城乡收入分配问题研究》，中国经济出版社 2017 年版。

李娜：《金融科技视角下普惠金融财务效益与社会效益研究》，吉林人民出版社 2021 年版。

李庆萍、方合英：《普惠之道》，中信出版集团 2022 年版。

李颖悟：《数字乡村：建设数字农村策划实施方案与案例全解》，中国纺织出版社 2022 年版。

刘祥：《乡村振兴实施路径与实践》，中国经济出版社 2022 年版。

刘亦文、胡宗义：《农村正规金融与非正规金融发展研究》，湖南大学出版社 2022 年版。

吕方：《金融服务与减贫发展理论与实践》，华东理工大学出版社 2023 年版。

任乐、王性玉：《农户多元信号特征下普惠金融实现的理论与实践》，中国经济出版社 2020 年版。

沙敏、乔桂明、陈一鼎：《物联网金融发展及应用前景研究》，苏州大学出版社 2019 年版。

孙文博、孙硕、王东：《数字普惠金融促进乡村产业振兴的研究》，吉林出版集团股份有限公司 2022 年版。

孙惠娜、方凤玲：《迈向乡村振兴：脱贫攻坚与乡村振兴有效衔接研究》，光明日报出版社 2024 年版。

孙晓：《普惠理念下的中国金融扶贫研究》，北京首都经济贸易大学出版社 2020 年版。

田娟娟、梁雨：《脱贫攻坚与数字普惠金融：理论与实践》，北京理工大学出版社 2021 年版。

田文勇、代致宇、田华：《普惠金融发展水平测度与"三农"影响效应研究》，四川科学技术出版社 2024 年版。

童书元：《乡村振兴与城乡融合发展研究》，吉林出版集团股份有限公司 2024 年版。

王华峰：《普惠金融与乡村振兴解读》，四川大学出版社 2022 年版。

王姣：《中国数字普惠金融生态系统运行及优化研究》，辽宁大学出版社 2022 年版。

王美玲、李晓妍、刘丽楠主编：《乡村振兴探索与实践》，宁夏人民出版社 2020 年版。

王松奇：《银行数字化转型：路径与策略》，机械工业出版社 2021 年版。

王炜、高峰：《银行数字化转型：方法与实践》，机械工业出版社 2022 年版。

王云云：《普惠金融创新实践及发展研究》，吉林科学技术出版社 2020 年版。

武艳杰：《互联网金融创新》，中山大学出版社 2019 年版。

夏安琪：《数字普惠金融发展对湖北城乡收入差距的影响研究》，硕士学位论文，中南民族大学，2022 年。

闫敏：《数字化时代金融发展研究》，中国纺织出版社 2022 年版。

杨文凤：《地域乡村振兴实践研究》，东南大学出版社 2024 年版。

杨咸月、杨何灿：《普惠金融发展之路：从排斥走向包容》，上海交通大学出版社 2018 年版。

姚前：《数字资产与数字金融》，人民日报出版社 2019 年版。

俞滨主编：《互联网与农村普惠金融研究》，浙江大学出版社 2020 年版。

张海燕：《功能视角下的农村普惠金融发展研究》，湘潭大学出版社2019年版。

张红阳、方圆：《新时代乡村振兴的核心实践逻辑》，《农业经济》2022年第12期。

张思思：《普惠金融视阈下金融资产选择行为研究》，北京工业大学出版社2019年版。

张细松：《乡村振兴视域下养老普惠金融研究》，青岛出版社2022年版。

张文秀：《新时代乡村振兴路径探索》，河北科学技术出版社2024年版。

张雪芳：《数字金融驱动经济高质量发展路径研究》，吉林大学出版社2021年版。

赵红丽、李静珂、黄咏梅：《数字普惠金融发展的影响研究》，武汉大学出版社2024年版。

赵晓峰、李卓等：《乡村振兴与城乡融合发展》，湖南人民出版社2023年版。

赵政：《乡村振兴战略研究》，西北工业大学出版社2021年版。